# DES VIES ANTÉRIEURES
# À L'ILLUMINATION

**Du même auteur**
chez le même éditeur

*Guérir de ses vies antérieures.*

CHRIS GRISCOM

# DES VIES ANTÉRIEURES À L'ILLUMINATION

« DEVENONS CE QUE NOUS SOMMES »

Traduit de l'américain
par Laurence Minard
avec la collaboration d'Alain-Yan Mohr

*L'Homme et l'Univers*

ÉDITIONS DU ROCHER
Jean-Paul Bertrand
Éditeur

Titre original

*Ecstasy is a new frequency*

Bear & Company, 1987



ISBN 2 268 01248 4

## SOMMAIRE

Mes remerciements à tous ceux qui m'ont apporté leur amour et leur aide pour achever ce travail.

## Au lecteur

J'ai fondé le Light Institute pour permettre aux gens qui sont à la recherche du sens de leur vie d'entrer en contact avec leur vérité intérieure. Au fond de nous repose la petite graine de notre existence, la certitude profonde que tout ce que nous vivons ici, au plan physique, est en rapport direct avec le but réel de notre vie. Pour comprendre le cosmos, nous devons d'abord nous comprendre nous-mêmes. Nous renfermons en nous-mêmes bien plus de trésors que nous ne l'imaginons. Notre présence sur terre ne se réduit pas simplement à naître, lutter et mourir. Notre existence participe à un dessein universel qui donne un sens à toutes nos expériences. La recherche de ce sens nous permettra d'accéder à une vie d'extase.

Le Light Institute assiste ceux qui se passionnent pour les mystères de la vie, pour introspection au plus profond de l'âme. Nous proposons des « technologies de la conscience » qui leur ouvrent les portes de la psyché humaine, d'un monde encore inexploré. Nous commençons avec une série de quatre sessions d'environ trois heures chacune.

Nous entrons d'abord en contact avec l'énergie de « l'enfant intérieur », qui constitue un pont vers l'élargissement de la conscience. Cet enfant intérieur nous fait régresser jusqu'à nos souvenirs d'enfance depuis longtemps enfouis, et même jusqu'au moment de la conception : à ce niveau nous reconnaissons nos parents et les « formes-pensées » qu'ils nous ont transmises avant la naissance. Nous ressentons une certaine compassion à leur égard et nous comprenons alors pourquoi notre âme a choisi tels ou tels parents. Dès lors il devient clair que la conscience existe hors du corps : un concept très important pour avancer dans la découverte de notre véritable identité.

Nous entrons ensuite en contact avec notre je supérieur, qui représente notre âme non-manifeste. Il rayonne d'une énergie sacrée nous rappelant que nous faisons partie intégrante d'un plan divin. Le je supérieur s'incarne en nous et guide notre vie. Nombre d'entre nous éprouvent un sentiment d'abandon et de solitude parce qu'ils ont perdu le contact avec leur je supérieur. Les retrouvailles avec notre guide lumineux constituent toujours une expérience merveilleuse.

Le je supérieur dirige ensuite notre conscience vers les thèmes et les souvenirs des différents séjours de notre âme dans le monde manifeste. Nous sommes alors en mesure de revoir les nombreuses incarnations que nous avons vécues. Cela nous permet de percevoir clairement les leçons sur lesquelles nous planchons durant notre vie actuelle. Grâce à ce fabuleux outil de la conscience nous reconnaissons les thèmes susceptibles de nous faire évoluer.

En revoyant nos vies antérieures, nous découvrons la cause des problèmes et des sentiments que nous affrontons dans cette vie-ci. Nous mettons à jour les mécanismes de la culpabilité et du reniement, les sources de nos talents et de nos connaissances ; habituellement chacun de nous transporte cet acquis sans parvenir à s'en libérer ou à l'exprimer. Peu importe que notre hôte croie ou non à la réincarnation. Les images et les sentiments remontent à la surface, depuis la conscience des cellules, pour exprimer le répertoire du corps physique et du corps émotionnel. Nous faisons resurgir dans nos vies la vérité selon notre corps émotionnel. Nos complexes d'infériorité – sentiments d'incapacité, de nullité, de solitude – correspondent à des formes-pensées engrangées dans le corps émotionnel. Le « faciliteur » du Light Institute saura faire fusionner l'hôte avec son je supérieur, lui révélant ainsi les mystères de sa vie ; il l'amènera à la conscience de sa mission terrestre.

Après les premières séries de sessions, l'hôte du Light Institute pourra choisir de continuer sur le chemin de l'illumination. La série suivante étudie le thème des parents : déterminer ce qui nous a conduits à choisir nos parents et « nettoyer » notre relation karmique avec eux pour nous libérer des projections qui nous enferment continuellement dans les mêmes comportements émotionnels. À partir de là, le patient continue sur des thèmes spécifiques : la sexualité, le succès, la spiritualité, les relations amoureuses, etc. Commencent ensuite deux séries de sessions permettant au patient de se libérer des projections en percevant les essences, intérieures de notre expression humaine : l'homme intérieur, la femme intérieure, la mère intérieure, le père intérieur. En accédant à ces essences, l'individu acquiert de remarquables capacités à diriger sa vie et ses relations avec les autres.

L'originalité du travail entrepris au Light Institute réside en ceci : tout le savoir retrouvé et les expériences vécues durant les sessions sont de nature énergétique et non pas simplement intellectuelle ou conceptuelle. Ils permettent à l'hôte de maîtriser les lois de l'énergie afin de libérer le corps de certains blocages. Bien souvent, l'élévation de cette conscience humaine donne des résultats surprenants et provoque la guérison.

Ce livre est le fruit de l'expérience de milliers de sessions avec des personnes à la recherche de leur véritable identité. *Des vies antérieures à l'illumination* a été écrit pour les aider à comprendre la « technologie de la conscience » et à sonder les profondeurs de l'être, à connaître la richesse des informations accumulées en nous.

Très affectueusement,

Chris Griscom

*À l'époque, je ne connaissais pas la mort. C'était comme une langue étrangère. Je n'avais jamais été confrontée à sa sonorité, à son odeur, à la destruction qu'elle produit. Je n'avais même jamais imaginé qu'elle allait devenir une réalité régissant mon destin tout entier. Et lorsque je reçus dans mes bras une toute petite fille pour que le médecin visitant le village s'occupe d'elle, j'étais toute innocence et confiance.*

*Elle reposait calmement contre moi. Elle semblait ne pas se rendre compte que je lui étais étrangère. Peut-être avait-elle dépassé ce genre de préoccupations. Peut-être était-elle la seule à savoir qu'elle incarnait la force divine qui, en quelques secondes, allait arracher de mes mains la petite bulle fragile de ma réalité limitée et l'entraîner dans l'océan de la conscience universelle, sans que je puisse jamais la récupérer. Je la regardais, me demandant si elle m'écoutait avec ses yeux si attentifs. Elle ne pouvait certes pas entendre avec cette oreille ravagée par une infection fongueuse et recouverte d'une sorte de mousse poreuse noir verdâtre.*

*Mon esprit se demandait pourquoi le médecin était incapable de tout enlever d'un coup de baguette magique, lorsque, soudain, ses yeux attentifs me transpercèrent, me dépassèrent, pour laisser place à un vide effrayant. Dans un inoubliable frisson, elle mourut.*

*Mon cerveau enregistra tous les détails en un éclair : le frisson, l'expiration, l'odeur de la chair déjà en putréfac-*

*tion, ces yeux et une inexplicable sensation de changement de poids dans mes bras.*

*Je m'entendis crier en la lançant littéralement dans les bras du médecin pour m'enfuir. Ma façade de « professionnelle » du Peace Corps s'effondra. Rien de ce qui m'avait été enseigné sur la nutrition, l'hygiène, les statistiques de la mortalité infantile, les dures réalités de la vie dans les petits villages du Salvador, rien ne pouvait me préparer à cette réalité universelle. Mon corps tout entier refusa cette singulière expérience : « Pas dans mes bras, pas dans mes bras ! » Mais je ne pouvais effacer les traces, revenir à un état antérieur à cet événement. Je ressentais un profond sentiment de contamination. La fierté, la grâce de ma jeunesse, mon côté « intouchable » s'étaient évanouis. J'avais l'impression de me réveiller d'un cauchemar, ébranlée, à jamais transformée.*

*Où était la justice ? Comment Dieu pouvait-Il être si cruel envers un enfant innocent ? Plus rien n'avait de sens ou de valeur si une mort amère était le seul avenir certain. J'étais toujours prisonnière d'une résistance tortueuse, me débattant désespérément pour effacer cette affreuse réalité, lorsque le moment des obsèques arriva.*

*Je n'avais jamais assisté à des obsèques et je pensais qu'il s'agissait simplement d'une formalité dictée par la bonne conscience et les conventions sociales. La cérémonie eut lieu dans l'unique pièce de la petite maison familiale et nous fîmes tous la queue dehors, en attendant de pouvoir défiler devant le petit cercueil grossièrement taillé. Elle reposait là, habillée de blanc, au milieu des fleurs disposées autour de son corps pathétique, un petit voile de dentelle recouvrant discrètement son oreille. Alors que je m'avançais pour entrer, sa mère se précipita pour m'embrasser, comme si ma présence aux obsèques revêtait une grande importance. Elle m'amena joyeusement vers le cercueil, et me secouant violemment par le bras, me dit : « Dieu l'a prise, elle est avec Dieu ! »*

*Elle était si catégorique que je compris qu'il s'agissait d'un message d'une provenance intérieure. J'étais stupéfaite. J'observai les gens réunis ici et vis avec mon cœur qu'ils étaient tous en train de célébrer son union avec Dieu. Malgré les larmes, le visage mouillé de sa mère resplendis-*

*sait de lumière. Chez elle, aucune colère envers les injustices de la vie, envers la cruauté de Dieu. Elle s'était complètement abandonnée à l'expérience de la mort avec la certitude que sa petite fille « était avec Dieu ». C'est à ce moment précis de mon existence que je suis consciemment devenue une « chercheuse ».*

*Jusqu'à présent, la mort a été mon meilleur professeur. Aucune grande vérité intellectuelle ne pourra jamais se comparer avec l'étonnante capacité d'abandon dont je fus témoin dans le petit village de Dulce Nombre de Maria au Salvador. Comme si le destin jugeait que j'étais une étudiante trop lente, ou comme si Dieu voulait simplement tester ma capacité à refuser tout blâme – la projection de l'injustice ; j'ai eu depuis l'occasion de tenir dans mes bras plusieurs autres enfants au moment de leur mort. J'ai dû apprendre à mon cœur à cesser toute résistance, à ne pas se lamenter. Chaque fois, pourtant, il était transpercé ; puis la capacité à célébrer la fusion avec Dieu naquit et grandit en moi. J'ai appris le sens du mot « métamorphose ». J'ai assisté et participé à la libération et à la transformation des plus profondes souffrances en des sommets d'extase. Visages de lumière. Visages de Dieu. L'abandon était le véhicule pour le passage.*

*Le choc de la mort m'a amenée à la vie. La compassion inonda mon être. C'est tout ce que j'avais à donner. Ces gens autour de moi possédaient infiniment plus de sagesse et d'expérience de l'amour divin que moi. Pourtant, au quotidien, leur abandon demandait un courage inébranlable. Petit à petit, mort après mort, ils me l'enseignèrent. Le courage de l'abandon.*

*Avec amour, je les remercie et leur rends hommage pour ce cadeau exceptionnel.*

1

# STRUCTURES DE LA CONSCIENCE

**Le rôle de l'âme est de percevoir au-delà des limites des cinq sens, au-delà des limites du monde qui nous entoure.**

L'abandon et la résistance sont des énergies couplées. En termes linéaires, la résistance est la première, vient ensuite l'abandon, les deux provoquent l'extase. Dès que nous sentons l'une ou l'autre de ces énergies, la flamme de l'illumination jaillit. Il est possible de remonter jusqu'à la source de la résistance pour en découvrir le sens profond, et la détruire avec les instruments de guérison que sont la vérité et la compassion. La résistance est un mécanisme de survie du corps émotionnel. Elle est produite par la peur. Nous résistons à ce qui nous fait peur à cause d'associations d'expériences qui nous sont propres et qui comprennent le vaste répertoire de ce que nous appelons l'espace et le temps. Par exemple, l'Institut utilise des scénarios de vies antérieures pour explorer le labyrinthe du corps émotionnel par ailleurs impénétrable.

Le corps émotionnel se sert de la résistance pour contrôler l'expérience. La résistance nous aide à rester à l'intérieur du territoire de nos schémas émotionnels et corporels. L'ego s'identifie à travers nos expériences et ne veut jamais vraiment s'en séparer, même si elles sont négatives. Parce qu'elle est cruciale pour la survie de l'ego, cette auto-identification nous amène à nous percevoir comme des êtres linéaires, prisonniers de l'espace et du temps. Or c'est faux, nous ne sommes pas prisonniers. L'ego peut se libérer des entraves de la peur : à travers l'émerveillement et l'extase, il peut s'épanouir et devenir une expression de l'énergie divine. C'est alors que nous pouvons commencer à percevoir l'hologramme de l'être multidimensionnel. L'épanouissement de la conscience vers l'appréhension de la réalité multidimensionnelle, voilà ce qu'est l'illumination.

Dès que j'ai élargi mon répertoire de deux langues étrangères (espagnol et guarani du Paraguay), je me suis trouvée submergée par d'autres réalités et d'autres références qui ont fait éclater ma perception de la « vérité ». J'ai évolué parmi des peuples de cultures et de pays différents, qui m'ont guidée progressivement vers des réalités dimensionnelles appartenant à leur quotidien. J'ai beaucoup appris des sorciers et des guérisseurs, des enfants et des anciens. J'ai connu l'innommable et le sacré. L'impossible et le miraculeux m'ont été imposés par l'expérience directe. J'ai vu mon amie paraguayenne marcher sur un tapis de braises incandescentes. C'était pourtant une femme ordinaire qui n'avait reçu aucune préparation particulière. Mais depuis toujours elle le faisait tous les ans pour, disait-elle, concentrer son esprit !

Cette petite fille mourant dans mes bras m'a libérée des pièges d'un cœur qui ne connaissait pas véritablement les autres. Elle a choisi sa mort pour elle-même, mais les circonstances pour moi. Je sais maintenant que ces yeux de mort me connaissaient et m'avaient élue ; ils ont élevé ma perception vers l'au-delà... par amour. Je suis aujourd'hui parvenue à une reconnaissance de cet être et des rôles divins que nous avons joués l'une pour l'autre. Je l'ai laissée partir mais je sais que nous pourrons nous choisir à nouveau l'une l'autre, indéfiniment.

Vous ne lisez pas ce livre par accident. Votre âme est là pour outrepasser les limites de vos cinq sens, les limites du monde immédiat qui vous entoure. Quelque chose vous fait prendre conscience, quelque chose vous pousse. Vous êtes des âmes-lumière brillantes, dotées d'un cadre de référence vous permettant d'exister en dehors du corps, pour investir un corps de lumière, pour tout connaître. Vous possédez en vous-même la capacité de vous guérir, de guérir les autres, d'accomplir des miracles.

Notre plus grand miracle, c'est le « plan » que nous créons pour nous transporter à travers nos vies. Nous fabriquons ce plan à partir d'une conscience illimitée, d'une conscience toute de compassion et qui nous offre une immense liberté pour l'établir, dans n'importe quel environnement, avec tous les compagnons et âmes-amies que nous souhaitons. Nous nous disons en quelque sorte : « Oui, pendant cette vie, je désire faire aboutir ce plan », qui n'est pas linéaire. Ce n'est pas : « Je vais commencer à tel endroit, lutter puis mourir. » Non ! Le projet formulé est comme les ondes d'une pierre lancée dans l'eau : il s'élargit, se dilate à tous les niveaux de conscience, à tous les niveaux de perception, de vie. Il s'agit d'éveiller le Dieu qui sommeille en nous, d'éveiller notre capacité à créer, à nous manifester dans toutes les dimensions.

L'Institut jette un pont entre l'être non manifeste, multidimensionnel, et la réalité physique, tridimensionnelle où nous vivons. Nous sommes l'énergie qui crée une ouverture à travers laquelle ce qui n'a ni substance ni rapport physique peut prendre forme, trouver des articulations, trouver un passage pour la grande force divine tourbillonnante vers notre dimension ordinaire, et amener la vie non manifeste dans celle qui l'est. La force de Dieu vit et se développe à travers la conscience. C'est là que le cœur peut être transpercé, comme le fut mon cœur, voici quelques années, en Amérique du Sud. Toute conscience, toute technique, toute communication vers l'intérieur ou vers l'extérieur, n'ont qu'un objectif : construire le pont, tisser, révéler les liens qui existent entre ce que le cœur recherche et ce à quoi il est confronté dans la réalité.

Pour comprendre ce processus, il est nécessaire de « palper » (par palper, j'entends reconnaître, sentir, prendre conscience) les quatre véhicules, ou corps, dont nous disposons pour accéder à la multidimensionnalité : 1) physique, 2) mental, 3) spirituel, 4) émotionnel. Nous sommes en train d'apprendre un nouveau langage, celui de l'énergétique. Il fonctionne par motifs holographiques nous permettant de percevoir les autres et nous-même comme des êtres complets, homogènes.

Chaque véhicule est comme une danse des énergies. Chacun est doté d'un registre bas et d'un registre élevé, chacun a un aspect manifeste et un aspect non manifeste. C'est l'association de ces deux aspects que nous devons palper, maîtriser, pour commencer à modeler nos vies dans le sens d'une réelle évolution.

Il est possible de comprendre la signification de chaque soubresaut, de chaque changement qui se produit au sein de ces quatre corps qui fonctionnent de manière simultanée et interdépendante. Nous examinerons ces changements plus loin.

Ainsi, nous apprenons, par exemple, que le véhicule physique est imprégné de ses souvenirs, de ses connaissances et des symboles de son existence actuelle. En regardant un visage, on peut voir l'histoire, l'âme, et comprendre le passage. On peut comprendre l'être, le choix de cette âme évoluant dans cette dimension, sa naissance, sa croissance, ses douleurs et ses plaisirs, son passage du véhicule physique au véhicule émotionnel, puis au mental, jusqu'au spirituel. À tout moment, nous voyons cet hologramme et comprenons le courant par lequel la loi cosmique crée les mondes. Dès que nous arrêtons l'univers, que nous arrêtons le cosmos, nous entrons dans le chaos car nous ne reconnaissons plus le but, le courant, l'orchestration.

Les quatre corps – physique, mental, spirituel et émotionnel – sont distincts et pourtant inséparables. Nous pouvons trouver ces ouvertures par lesquelles ils passent, s'unissent et se séparent à nouveau. Puis, grâce à notre connaissance, nous pouvons utiliser notre sens du toucher, notre capacité à penser, l'amour de notre cœur, ou encore le grand esprit de la création, pour les ramener à une forme unifiée.

## Le corps physique

Le corps physique possède sa structure matérielle, qui contient tous les messages, tous les symboles racontant l'histoire des émotions, de la pensée, des choix de l'esprit. Le registre le plus élevé du corps physique est le corps lumineux non manifeste. Ce n'est que par l'énergie de la fréquence extatique que le corps physique dans toute sa densité peut être transformé en sa contrepartie de lumière. Le corps physique se veut l'instrument de l'âme. Il porte l'empreinte de l'âme et on devrait l'honorer pour la part qu'il joue dans notre évolution. Jusqu'à présent, nous l'avons méprisé, maltraité, et avons entretenu le mensonge selon lequel le corps ne fait pas partie de notre être divin. C'est pourtant au moment de la conception que se crée l'ouverture à travers laquelle notre être divin prend forme. Quel magnifique cadeau ! Lorsque nous aurons compris ce rapport cosmique, la maladie et la mort telles que nous les connaissons aujourd'hui disparaîtront. Toutes les maladies, toutes les contorsions et contractions, tous les aspects (grand, petit, gros, mince, noir ou blanc) expriment la progression de l'âme et doivent être reconnus et traduits. L'expression « bien dans sa tête, bien dans son corps » est juste et doit être prise en compte. Alors que le corps physique existe dans les limites de la troisième dimension, le corps lumineux – son plus haut registre – évolue au-delà du domaine de la conscience éthérée. La promesse de l'évolution dans son essence nous attend à notre passage du seuil de lumière. Il existe une physique spécifique du corps lumineux qui relève de l'accélération de notre fréquence en particules de lumière générées par la pensée pure. Nous travaillons avec cette physique spécifique lorsque nous aidons nos hôtes à faire l'expérience de l'arrivée du je supérieur dans le corps.

Dans notre état physique, nos réalités tridimensionnelles, nous en sommes arrivés à nous identifier uniquement au mental qui renferme notre capacité intellectuelle, c'est-à-dire la partie gauche du cerveau, celle qui nous permet de percevoir la vérité. C'est une forme tout à fait linéaire de conscience. Et c'est cette linéarité qui empêche la conscience de percevoir l'immense somme d'informations qu'elle reçoit. Elle est si lente à les traiter que, dans une situation dramatique, il se pourrait que nous ne soyons même pas capables de voir les choses avec assez de lucidité pour assurer notre survie. Le mental est toutefois notre instrument de survie le plus efficace : il contrôle le corps physique. Il est présent dans chaque cellule du corps. Le mental cellulaire est une conscience gouvernante, une sorte d'ordinateur vivant dictant ses fonctions à la cellule. L'ADN contient le code permettant, à la mort d'une cellule, que celle-ci soit immédiatement renouvelée par une autre cellule, réplique parfaite de celle qui l'a précédée. Le mental donne au corps des directives claires, qui seront suivies à la lettre, lui imprimant l'état souhaité. Le corps exécutera parfaitement les ordres du mental et nous savons pour sûr que le mental contrôle le physique. Nous pouvons consciemment changer notre rythme cardiaque, la température de notre corps et même notre seuil de tolérance de la douleur ou du plaisir. *Conscience* est ici le mot clef. En apprenant à diriger intentionnellement notre conscience vers le corps, nous accomplirons des miracles. Ce n'est pas le corps qui s'oppose à la santé. La loi cosmique démontre que tous les êtres vivants vont vers la santé et la lumière.

Le mental, avec son fonctionnement linéaire, utilise à peu près dix pour cent des capacités du cerveau. Les quatre-vingt-dix pour cent restant demeurent latents, dans l'attente d'être découverts. Nous avons à notre disposition un véhicule capable d'atteindre ce registre, je l'appelle le « je supérieur ».

Ce je supérieur pense de manière holographique,

utilise toutes les voies de la perception et explore tous les échos et ramifications possibles. Nous pouvons apprendre par nous-mêmes à reconnaître le je supérieur et à l'atteindre. Ses pulsations sont différentes et nous permettent de percevoir deux, trois ou dix dimensions, de les reconnaître et de les comprendre. Cela permet la synchronisation des hémisphères droit et gauche du cerveau. Lorsque ces deux parties du cerveau fonctionnent à l'unisson, se produit alors un véritable changement des ondes cérébrales qui facilite une conscience supérieure. Et, ce qui est plus important, c'est que le je supérieur a ainsi accès à des réalités et à des connaissances multidimensionnelles qu'il peut utiliser dans cette dimension-ci. C'est le registre du génie de la conscience et il appartient à chacun d'entre nous.

La pensée holographique est la clef de notre survie sur cette terre. Il faut que nous commencions à reconnaître toutes les interrelations ou bien nous finirons par succomber au chaos que nous créons par notre illusion de séparation, parce que le mental ne parvient pas à concevoir la globalité. Les baleines ont le même cerveau que nous, sept fois plus grand. Elles ont fait le saut dans la pensée holographique. Alors que nous sommes prisonniers de notre linéarité, elles emploient le son comme médium de conscience holographique et sont ainsi capables d'absorber simultanément d'immenses quantités d'informations.

### Le corps spirituel

C'est le plus insaisissable des quatre véhicules car il n'est pas vraiment ancré dans le domaine matériel. Il nous parvient par oscillations d'ondes vibratoires grâce au je supérieur. Le je supérieur est le porte-voix de l'âme, l'« émissaire de la périphérie », qui nous permet de percevoir au-delà de nos sens physiques. Les glandes maîtresses, la pinéale et la pituitaire, jouent le rôle d'antennes-radars et captent ces ondes dans les espaces célestes.

L'anatomie du corps spirituel révèle une fascinante complexité. Toute discussion à son sujet ne peut faire l'objet que d'une description nuancée, car son domaine ne peut s'inscrire dans des limites linéaires. L'esprit infini ne peut être compris par l'esprit fini. Son interface avec notre cadre de références humain est totalement holographique et multidimensionnel. Il nécessite donc une expansion dans l'esprit supérieur, l'état extatique, pour en sentir ne serait-ce que l'existence. C'est-à-dire que notre cadre de références humain doit lui-même devenir holographique.

Nous parlons de « l'esprit » et de « l'âme » comme s'ils constituaient des éléments interchangeables du corps spirituel. Pas en ce qui nous intéresse. « L'esprit » est l'énergie qui a rapport au matériel. Il a des propriétés astrales. En fait, lorsque, à cause d'un traumatisme, la transition vers la mort ne s'opère pas complètement, l'aspect « esprit » encore imprégné de la personnalité du défunt peut se trouver pris dans la dimension astrale. Ce sont les fameux « fantômes ».

Il est vrai que certaines entités choisissent de s'établir dans la dimension astrale afin de servir l'humanité. Mais cela fait partie de leur karma, et représente une relation forcément symbiotique pour l'évolution des deux parties.

Lorsqu'on parle d'« esprit », cela implique toujours une sorte de conscience individualisée avec laquelle nous avons des rapports personnalisés. L'« esprit » de tout être a besoin de faire partie de l'être, même après la mort. Au contraire, l'« âme » reste inconnue et étrangère. Nous ne pourrions pas reconnaître un ami à travers son âme, mais son esprit nous demeure toujours familier. C'est palpable. Le corps astral est à l'esprit ce que le corps lumineux est à l'âme.

L'âme ne présente aucune qualité reconnaissable. Elle n'appartient pas vraiment au monde de la matière. La conscience individualisée reste donc impalpable et nous devons avoir recours au point de convergence entre notre je supérieur et celui d'un autre être.

Le corps spirituel est une sorte de coagulation du fluide de la conscience qui sourd de l'océan de la force divine. Telle une graine silencieuse, il a attendu l'impulsion de nos souvenirs lointains pour la disperser dans la matrice de nos corps interdépendants. Dès qu'il a pris racine, il fleurit. Par sa véritable beauté, il nous permet de voir le but et l'origine de notre vie. Source vive de notre évolution actuelle, il représente notre seule ouverture vers la survie. Lorsque nous nous mettons au diapason de notre corps spirituel et autorisons la fréquence de l'amour, de l'unité et de la conscience divine universelle à empiéter sur notre corps émotionnel, c'est le début de l'émerveillement et de l'espoir.

## Le corps émotionnel

Nous le connaissons surtout par son expression physique : colère, passion, peur. Ce sont des énergies palpables, physiques dans leur nature et circulant dans le corps physique. Le corps émotionnel a une matière, un poids et parle le langage du spectre et de la fréquence des couleurs. Les humains, à leur stade actuel de conscience, commencent à peine à identifier les mouvements externes, l'écorce du corps émotionnel. L'autre partie du corps émotionnel, d'une grande profondeur, vit hors du temps et de l'espace. Nous devons plonger dans cette profondeur et tirer du royaume de l'invisible les fils du corps émotionnel qui ne sont, à l'heure actuelle, peut-être même pas encore identifiables. On n'a pas encore compris que le corps émotionnel forme une entité, un être intégral qui possède une conscience et une réalité propres.

Le registre inférieur de notre corps émotionnel vit actuellement une oscillation évolutive. Puisque la fréquence spirituelle accélère les énergies de la planète, notre corps émotionnel ressent aussi une vitesse supérieure produisant un plus grand nombre d'états spontanés d'extase, de félicité et de béatitude. Nous allons plus vite, notre conscience s'élargit, et nous commençons à percevoir des couleurs au-delà de notre spectre lumineux. Ces couleurs sont des manifestations subtiles, brillantes et translucides, de la lumière elle-même. Elles correspondent à l'extase, corps émotionnel de notre je divin. À travers notre je supérieur, nous pouvons atteindre cette énergie et lui donner forme.

La coordination et les relations entre nos quatre corps créent la conscience. Le corps mental dirige le corps physique, filtre et crée. La cellule du corps physique, elle, choisit la maladie, choisit les images et fait en sorte que l'ADN stimule le véhicule physique. Nous pouvons utiliser le mental pour contrôler le véhicule physique, lui parler et le changer.

Dans chacun des quatre aspects de notre hologramme personnel, nous essayons d'utiliser le mental comme tampon. C'est pourquoi, à nos niveaux de conscience extérieurs, nous avons une perception si linéaire, si limitée ; c'est pourquoi nous ne voyons pas les champs auriques des autres (et réciproquement), c'est pourquoi nous ne voyons pas en l'autre un être entier. Nous utilisons le mental comme tampon à cause de notre sens du jugement et du pharisaïsme, qui représentent les gardiens du corps émotionnel.

Néanmoins, le mental ne dirige ni ne contrôle le corps émotionnel. Il en est incapable, sauf dans certains aspects limités du comportement. Notre connaissance du corps émotionnel peut se comparer à la partie émergée d'un iceberg. Nous avons l'impression qu'il ne se manifeste que par les larmes, la colère ou la culpabilité. C'est pourtant bien plus. On peut toujours dire « Non, je ne serai pas en colère », on peut modifier son comportement pour éviter l'expression de la colère. Mais l'énergie de ces émotions ne peut être contenue – en raison d'une loi spécifique – et elle trouvera donc d'autres formes d'expression. Nous nous retrouverons, par exemple, dans des situations où « les autres » seront en conflit, en colère (regardez le monde !), ou bien nous canaliserons cette colère dans des actions vertueuses. Ces actions, même utiles, se révèlent finalement destructrices car elles perpétuent l'illusion de la séparation et du faire-semblant.

Nous pouvons avoir recours au corps mental de cette manière pour restreindre, contrôler, cacher, changer notre comportement. Il ne nous est pas donné, en revanche, de décristalliser ces émotions, de les dissoudre, car cette partie du corps mental opère sur certains niveaux horizontaux avec une certaine linéarité qui ne permet pas la décristallisation émotionnelle.

Le corps spirituel danse avec le corps émotionnel et crée ainsi ces rapports particuliers permettant au corps émotionnel d'aller plus vite, d'accélérer, pour le faire passer de sa lente obscurité à la forme, à la lumière. Nous devons être capables de nous plonger dans l'énergie spirituelle, pour la fondre, comme par alchimie, dans le corps émotionnel. Ce dernier commence alors à accélérer ses vibrations accédant ainsi à la lumière. Il commence à se dépouiller de ses expériences, de ses souvenirs de la vibration plus lente de la colère, de la culpabilité et de la peur. Nous sommes prisonniers de la peur, de la culpabilité et de la colère tant que le corps émotionnel se nourrit de peur ; les véhicules physique, spirituel et mental restent captifs de cette énergie. Lorsque nos quatre corps chantent à l'unisson, le mental et le spirituel donnent naissance au projet, le physique et l'émotionnel le réalisent exactement et complètent le cercle.

À l'Institut, nous ouvrons des fenêtres vers le ciel – pour révéler cette multidimensionnalité, cette énergie spirituelle. Mais il nous est impossible de construire un pont solide, fiable, que nous pourrons appeler réalité, tant que nous ne comprendrons pas tous les aspects subtils du véhicule émotionnel, le corps émotionnel. Il doit accélérer pour atteindre une fréquence permettant au véhicule physique de se libérer, de nous libérer de toutes ces empreintes mentales qui disent « mon corps est gros », « mon corps est décharné », « mon corps est sombre », « mon corps est lumineux ». À travers ces prises de position, l'âme tente de parler, d'apprendre, d'enseigner, de trouver sa propre lumière. Ces perceptions de notre véhicule physique sont contrôlées par le corps émotionnel. C'est ainsi que le corps émotionnel voit le monde, qu'il est capable d'apaiser le mental, d'être malade ou en bonne santé. Il est impossible de contourner le corps émotionnel. On peut prétendre ne pas ressentir la colère, la culpabilité, la peur ou la tristesse, mais au bout du compte, on doit quand même prendre ces empreintes en considération et les décristalliser avec la conscience. Nous ne pouvons toutefois décristalliser que les émotions dont nous sommes conscients.

Pendant nos sessions, nous commençons par faire de la place pour accueillir notre je divin, grâce au véhicule du corps émotionnel, afin de comprendre ses besoins, ses intentions, son origine, afin de palper l'énergie de ce corps et de pouvoir travailler avec elle. Sans quoi le corps émotionnel continuerait indéfiniment à diriger notre conscience et notre capacité à voir la vérité en nous gardant prisonniers de nos prises de position, de notre positionnalité. Il nous posséderait, il nous garderait sur le plan auquel il est habitué.

Notre corps émotionnel est une entité. Nous devons le voir à l'origine comme une possession. Ainsi, lorsque nous serons capables de le voir dans sa divinité, nous aurons atteint un nouveau registre dans cette dimension, celui de l'extase, de l'émerveillement, une nouvelle fréquence qui ne fait pas encore partie de notre réalité.

Pour modeler le corps émotionnel, il faut apprendre à le connaître afin de se rendre compte qu'il est beaucoup plus que ces expressions ou ces expériences extérieures. L'expérience du corps émotionnel nous attrape par le corps physiologique puis retient le mental et le corps prisonniers.

Le corps émotionnel réside dans le chakra du plexus solaire, dans la zone de l'estomac. Les ganglions du plexus solaire enregistrent nos émotions et déclenchent le système nerveux sympathique. Cela change la composition du sang dans le cerveau et le nerf vagus produit des réactions physiologiques transportant un choc électrique. Tout le monde connaît ce genre de choc, ressenti lorsqu'on est pris par surprise : l'affluence massive de la peur et de la colère qui mobilise immédiatement notre attention. Ce choc se propage en cercles concentriques qui, s'élargissant, caractérisent la déception, la honte et l'anxiété. Le corps émotionnel s'accoutume à ces chocs. Sans que nous en ayons conscience, il cherche des situations et des gens qui reproduiront le choc originel.

Si un être se retrouve piégé dans la haine de soi, le pharisaïsme ou la culpabilité, il développe alors un répertoire d'une fréquence particulière, que l'on peut palper, toucher, sentir, que l'on peut voir dans les yeux de l'autre, par le champ aurique d'une autre personne. Si nous sommes à même de le percevoir sous toutes ses formes, nous pouvons comprendre la position de ce corps émotionnel et ses accoutumances. Nous l'aiderons alors à se débarrasser de ses accoutumances. Le corps émotionnel ne vit pas dans l'espace et le temps, il ne bat pas au même rythme que nous, il ne bouge pas de manière linéaire. Il se déplace comme une spirale allant vers l'intérieur, se nourrissant constamment des variations et des compositions de ses propres énergies. Alors, lorsque le corps émotionnel est ainsi devenu dépendant – et c'est le cas pour nous tous –, il a développé un répertoire de re-connaissance. En permanence, il cherche et crée simultanément ce répertoire.

Si le corps émotionnel recherche la peur, il ne voit qu'elle autour de lui et y répond dès qu'elle se présente. Le corps émotionnel va se contracter, reconnaître la peur, puis la saisir, l'intégrer et s'en nourrir. Ensuite, le véhicule physiologique va se fondre dans cette manifestation, dans la cause de cette peur, pour permettre au corps émotionnel de se nourrir.

Ainsi se perpétue le processus. Même si le mental dit « Je cherche l'amour, je recherche quelque chose d'entier », le corps émotionnel ne réagira pas. En regardant les gens jouer leur vie, leurs choix, nous voyons toujours le même spectacle. Le corps mental dit « Oui, je choisis cette personne, je la désire, je veux cette relation, je veux cette réalité ». Mais le maître de ce choix est en fait le corps émotionnel qui accroche le mental, crée l'illusion pour se faire aider à trouver ce qu'il recherche.

C'est un circuit fermé, un processus sans fin pour nourrir des dépendances. La positionnalité ne laisse remonter que certaines informations afin de se reproduire. Nous pouvons apprendre à reconnaître ces dimensions pour arrêter le processus et créer quelque chose de nouveau : une expansion, un processus énergétique qui permet au corps émotionnel d'évoluer, de connaître de nouveaux registres, afin que l'âme puisse évoluer.

À l'heure actuelle, nous vivons avec les traces des dépendances et les habitudes de réaction du corps émotionnel de plusieurs vies antérieures. Seule l'expérience permet un changement. Il se peut que l'âme dise : « Tu as besoin de comprendre ce qu'est la permissivité, alors va tuer quelques personnes et tu comprendras la loi cosmique de la permissivité. » Nous y allons et sortons l'épée. Beaucoup d'entre nous en sont restés au Moyen Âge, alors nous essayons l'épée mais sans aller plus loin, car nous sommes tellement imprégnés de cette expérience – l'empreinte intense de la douleur et de la torture – que nous n'arrivons pas à nous en débarrasser. Nous la gardons dans le siège du corps émotionnel et puis commençons une autocritique. Nous oublions que notre âme nous suggère « Il n'y a ni bien ni mal, il n'y a pas de victimes. Tu es simplement en train de vivre cette expérience pour comprendre la permissivité, pour comprendre la loi cosmique ». Au lieu de cela, nous nous imprégnons de culpabilité, de peur et de colère.

Ensuite, lorsque nous choisissons notre corps physique suivant, le corps émotionnel l'occupe déjà. Son expérience antérieure infiltre déjà l'ADN du corps, tout comme le code génétique. Le corps émotionnel commence alors par créer un corps représentant les vies, les expériences vécues, qu'il traîne avec lui. En observant le corps, le visage de quelqu'un, on voit les vies qu'il porte en lui. Le corps imprime toutes ces informations puis irradie les sentiments qu'il éprouve à l'égard de lui-même et qui lui soufflent : « Je suis indigne du pouvoir car j'ai tout gâché, je l'ai mal utilisé. Je dois l'éviter. » Ou bien : « Je ne mérite pas l'amour, je suis coupable. » Il irradie ces informations par le champ aurique et vous attire vers les gens, les situations qui reflètent exactement ce que vous redoutez le plus, ce dont vous essayez de vous débarrasser mais qui vous attire irrésistiblement.

Vous avez inlassablement imprimé le thème de cette vie-ci. Et le fossé entre vous et votre moi divin s'élargit. L'expérience est si profonde qu'elle imprègne le corps émotionnel qui s'y retrouve enfermé. Il est sourd aux chuchotements de l'âme qui ne peut plus continuer à orchestrer les relations car le non-manifeste est désormais séparé du manifeste. Le corps, au niveau de l'âme, dit alors : « Oui, il faut absolument que je saccage, que je brûle, que je viole et que je tue, que je fasse toutes ces expériences pour comprendre ces illusions. » Mais s'il s'exécute, il crée des « autocollants » astraux, ou des souvenirs dans le corps, des expériences. Le pont est astral, et cette expérience astrale du corps émotionnel perpétue l'écho, continue et imprègne chaque véhicule physique lorsque nous prenons forme.

Alors, nous déclarons : « Dorénavant, je vais travailler à un autre niveau ». Mais, à la seconde même où nous pénétrons dans le corps, au moment de l'incarnation, nous prenons contact avec notre énergie astrale qui pèse de tout son poids. C'est le voile : il représente la dimension astrale ; il est intégralement lié au corps émotionnel. L'énergie astrale nous transporte de vie en vie. À cause de cela, le corps émotionnel reprend son ancienne place, renoue avec ses vieilles histoires. Grâce à son énergie astrale qui rayonne vers le véhicule physique, il installe une fréquence qui établit le message, génère la réalité. Le corps émotionnel domine la situation à cause de sa nature astrale.

Il est important de constater que l'énergie astrale circule dans les cellules du corps. Elles possèdent alors une caractéristique physique leur donnant accès à toutes les expériences du corps émotionnel. Le corps émotionnel transfère ces messages – souvenirs de peur, de destruction, de désastres – *mais pas* les souvenirs d'extase. Il se sépare du non-manifeste et n'y retourne pas. L'extase ne passe plus. Elle ne peut passer que par un corps lumineux. On vit l'extase par le corps lumineux, pas par la mémoire cellulaire. Si quelqu'un commence par la violence, c'est parce que l'âme est pressée de s'en débarrasser pour pouvoir retourner dans son domaine, prendre contact avec le corps lumineux, avec la source-Dieu. Toute expérience, toute réalité est tissée dans un gigantesque filet de mailles, une trame. Chaque élément a un sens si vous le regardez sous cet angle, même la violence.

Tant que le bon sens et le pharisaïsme demeureront en dehors de l'expérience, nous serons coincés de ce côté-ci du voile, du côté physique, et resterons séparés de la source-Dieu, de notre propre source-Dieu. Dès que vous décidez d'entrer dans l'astral, de travailler avec ses « autocollants » – tous les souvenirs et expériences de vies antérieures – puis de vous en défaire, vous enlevez petit à petit le voile pour évoluer vers la forme pure. Tant que vous cacherez ces « autocollants », vous aurez beau essayer d'atteindre cette forme pure, d'en parler, d'y penser, de la conceptualiser d'une certaine manière dans votre corps, vous ne pourrez pas la connaître car le corps émotionnel est le véhicule de votre expérience. On se méprend en considérant le corps physique comme le véhicule de notre expérience. Seul le corps émotionnel active les ganglions du plexus solaire, réveille le cerveau et déclare : « Cerveau, tu es en train de vivre quelque chose ! »

Le mental rationnel n'existe pas. C'est une illusion. La voici : nous possédons un mental rationnel qui n'a ni perspective ni positionnalité. Notre corps mental est complètement englouti par sa positionnalité et c'est là que l'ego commence à jouer son rôle. L'ego crée ce qu'il désire voir, ce qu'il désire savoir, et appelle ça « la vérité ». Mais il est séparé de notre être véritable. Nous sommes en fait la structure moléculaire de la réalité, du ciel, des étoiles, de la mer et de la terre. Tant que notre conscience n'expérimentera pas cela, nous ne pourrons pas exister vraiment.

La rationalité représente ce qui promeut la séparation en nous-mêmes. Son véritable objectif : éviter la douleur et le plaisir – éviter l'expérience. Chaque fois que l'esprit tente la séparation, il tente de nous éviter de revivre une expérience qu'il connaît déjà. Le blocage provient de notre refus de la connaissance, refus suscité par le corps émotionnel. La peur de l'inconnu n'existe pas : on ne peut pas craindre quelque chose qui ne correspond à aucun cadre de référence. Nous craignons en fait ce que nous chuchote notre mémoire, et elle est enfermée dans la dimension astrale.

Nous pouvons nettoyer le corps émotionnel, les images astrales afin d'ôter les voiles et nous *développer*, car notre survie dépend de notre capacité à créer ce centre optimal. Nous ne nous permettrons jamais de nous développer jusqu'au point de désintégration. Nous passons de la vie à la mort simplement parce qu'il s'agit de pulsations, pas parce que c'est un commencement une fin. Nous pouvons trouver le centre, nous pouvons connaître l'être. Nous pouvons nous développer pour reconnaître ces réalités, ces dimensions, cette affluence de nouvelles informations dont le je supérieur nie l'existence.

De prime abord, nous ne discernons pas la dimension astrale car nous ne verrions que douleur, colère, culpabilité, plaisir, toutes les complications de ce genre d'expériences. Trop attachés à elles, nous les évitons. C'est pourquoi, à ce stade d'évolution, nous parvenons à une impasse : le corps mental ne peut plus nous protéger. Il doit se développer maintenant. Nous devons sortir le mental fini de ce cercle vicieux pour l'amener à un mode de fonctionnement holographique qui le libérera et lui permettra d'identifier pour nous ces autres registres réels : l'extase et la joie, la fréquence de notre nature divine.

Le plus difficile est de percer l'ego. Comme un ordinateur, il tire les ficelles des différents corps. En d'autres termes, il dirige le mental fini par l'intermédiaire du corps émotionnel. Le carburant de l'ego est toujours l'énergie astrale. Les « autocollants » astraux ont choisi une forme que nous appelons « moi ». Il ne s'agit pas véritablement du je, ni de l'être-Dieu. C'est simplement le moi-ordinateur, le dessinateur de la forme que nous avons prise dans le monde tridimensionnel. L'ego se trouve donc en contact avec tous les autres moi-ordinateurs que nous avons eus dans nos vies antérieures et qui ont affirmé : « Tu es toujours la victime, tu ne mérites rien, alors tiens-toi à carreau. » Ainsi nous fabriquons une disquette d'ordinateur qui contient ce genre de modèles à suivre et nous la transportons avec nous, de vie en vie.

Dès que le petit enfant développe son sens du moi, il se branche sur ses modèles anciens. Dès qu'il commence à se détacher de sa mère, à percevoir qu'il est séparé d'elle, puis des autres enfants, et des autres en général, l'enfant se branche sur la dimension astrale, l'ordinateur astral, qui lui dit : « Voilà ton cadre de référence, fais attention, tu ne vaux pas grand-chose, tu as fait des erreurs. » Ainsi fonctionne l'ego, s'infiltrant dans toutes les voies de la réalité, dont le corps physique. Si, par exemple, la disquette de l'ego a enregistré : « Tu n'as pas bien utilisé ta sexualité, tu t'es servi de ton corps pour séduire », l'ego l'intégrera, et cela fera partie des composantes que le corps développera au cours de cette vie.

Si l'ego a intégré de nombreux aspects de la haine de soi ou de la culpabilité dans cette vie, il va fabriquer un véhicule physique lui permettant de continuer son programme de haine de soi : un corps, par exemple, méprisable, ou qui nous repousse vers les anciens programmes. Il se passe la même chose avec le corps mental. L'ego bavarde sans cesse. À nouveau, l'ego utilise ce cadre de référence pour savoir en quoi consiste son moi.

L'ego n'est pas nécessairement une force négative : il nous maintient dans la troisième dimension, nous permet d'y fonctionner ; mais il ne représente qu'un éclat de l'hologramme, et c'est le problème. Il bloque, il voile notre accès conscient à tous les corps que nous avons habités précédemment, aux modes de pensée auxquels nous avons été attachés ; il nous limite. Mais, dès que la reconnaissance du je commence à se développer, l'ego se développe également. Du concept « Je suis séparé de toi, donc en compétition, je te juge, je t'évalue », il passe à « Je fusionne avec toi ».

De même lorsqu'on accélère le corps émotionnel. Si l'ego se voit lui-même à un niveau cosmique, universel, il peut donner une forme à ce qui n'en a pas. L'ego nous laisse jouer sur n'importe quel registre de notre système d'ordinateur. L'ego est cette voix, cet ordinateur qui ressort continuellement ce que nous avons enregistré. Le programme entré en mémoire par le corps émotionnel s'exprime par le mental fini.

Dès que nous aurons accès au je supérieur, l'ego passera par différents niveaux de développement. Lorsque nous avons l'impression, pour un court instant, d'être comme un arbre, ou de flotter dans l'eau, d'être l'eau, l'ego commence la décristallisation. Il commence à se transformer en une autre entité qui n'est pas encore enracinée sur cette planète. Telle est notre tâche à l'Institut : aider les gens à commencer le développement de leur représentation de l'ego, de leur corps émotionnel, pour les amener à un registre universel, pour qu'ils deviennent toute chose. Lorsqu'ils deviennent toute chose, ils deviennent Dieu.

L'ego réside dans les formes-pensées du mental, dans le corps émotionnel, au sein des structures du corps physique. À ce niveau de conscience restreint, il est séparé de sa cellule-Dieu. Au lieu de dire : « Supporte-toi et tu ressembleras à Dieu, si tu supportes l'être, tu supportes Dieu », nous disons « Ne dupe pas l'ego, donne-lui simplement une autre nourriture ».

Tant que l'ego ne sort pas du rapport victime-bourreau, le cycle continue indéfiniment, vie après vie. Il faut qu'il s'efface. Il ne résiste pas à la cristallisation, il ne reste pas sur ses positions si nous lui ouvrons une nouvelle voie, si nous lui proposons un nouveau programme. Il ne peut pas être véritablement présent en raison de son expérience passée. Il doit l'abandonner, lâcher prise. C'est alors que nous commençons à prendre conscience de notre je divin et que le divin entre en scène.

L'ego est palpable. Lorsqu'on touche un corps, on peut sentir s'il s'aime ou non, s'il a du bon sens. La seule manière de traiter avec l'ego, c'est de permettre à la conscience d'atteindre cette compréhension. Lorsque nous amenons l'attention de quelqu'un sur ce point, généralement à travers les scénarios de vies antérieures, l'ego se relâche. Si quelqu'un émet un jugement parce que, dans l'Antiquité, il ou elle a fait ceci ou cela, nous pouvons palper son ego. Il arrive qu'un hôte vienne avec le corps d'un Romain ou d'un Égyptien et nous pouvons, en attirant la lumière de la conscience dans cette forme-pensée ou la cristallisation de ce qui est retenu, le dissoudre. Nous pouvons changer l'ego et il cesse de bavarder. Il va évoluer différemment.

L'ego d'un enfant se forme par l'importance que les parents donnent au mental fini, lorsqu'ils disent : « Lisons cette histoire, essayons de reconnaître A, B, C. » En imposant cette routine linéaire aux enfants, nous les empêchons d'utiliser l'astral dans leur relation avec l'éthéré. Un enfant ne retient, de lui-même, aucune empreinte : il peut exploser de colère et, avec cette colère, résoudre son blocage et s'en libérer. Mais nous répétons sans cesse à l'enfant de ne plus faire de caprices et nous donnons une signification à sa colère. Alors l'enfant commence à ralentir et à enregistrer ces jugements négatifs : il apprend à juger. À l'état naturel l'enfant représente ou joue tout ce qu'il a dans son répertoire, tout ce qui appartient à son « plan de vie ».

Dès l'âge de un an, l'enfant suit ce plan, et le suivra toute sa vie, même si les danses et les postures sont différentes. Mais lorsque nous lui imposons une position, il commence à se fondre dans un moule. Sans cela, l'enfant pourrait se débarrasser rapidement des dernières impressions émotionnelles de blessures, d'incendies et de viols, et rester en permanence dans la lumière.

Mais la lumière n'attire pas, elle est immatérielle. Voilà encore la différence entre la lumière et les énergies astrales : la lumière ne possède aucun aspect astral. L'enfant fait le plein de souvenirs, il est constamment stimulé par l'émotionnel et commence à s'alourdir émotionnellement. C'est finalement le poids de toutes ces émotions qui attire son attention, et les attraits de la dimension astrale deviennent réalité personnelle. Puis, entre en compte la répétition : la séduction amène à la répétition.

Ensuite, il faut choisir. Nous choisissons d'être faible ou sans défense, et cela s'imprime et se cristallise dans le mental. Puis le mental continue à s'assurer que le corps émotionnel travaille, et ça recommence : « Je suis un mauvais, un incapable. » Et ainsi de suite. Voilà comment se construit le mental. Mais il fabrique un accès à l'énergie astrale qui, ensuite, rayonne et construit exactement ce que le mental a conçu.

C'est ainsi que le processus continue. Nous agissons d'après ce que nous pensons. Voilà le vieil axiome : un enfant devient ce qu'on lui enseigne qu'il est. La prophétie s'autoréalise. Nous avons transmis aux enfants nos propres empreintes, notre éthique, nos intentions. Un enfant ne connaît pas la jalousie, ne ressent rien du genre : « Tu reçois plus d'attention que moi. » Il ne peut manifester ce type d'intention. Bien qu'il puisse dire : « J'aimerais avoir un peu de ce que tu possèdes », il n'est pas capable d'une intention telle que : « Tu possèdes plus que moi, je vais faire quelque chose, je vais agir. » Alors l'adulte rétorque : « Tu es jaloux, et tu cherches simplement à te faire remarquer. Mais cela ne marche pas ainsi. » Si nous laissions l'enfant tranquille ou lui disions : « Oh, toi aussi tu en veux ! », et lui en donnions, l'enfant n'apprendrait pas la jalousie.

Il est important de bien saisir cette idée magnifique car elle représente l'essence de notre travail à l'Institut. Donnez ce qu'il désire au corps émotionnel, et laissez tomber ce qui lui est néfaste. S'il a besoin d'exprimer sa négativité, son hostilité, sa peur, laissez-le faire et il la brûlera immédiatement. Lorsque nous la cachons, elle reste sur ses positions. Donnez à l'enfant ce qui lui est nécessaire et il grandira. C'est la loi cosmique. Abreuvez la plante et elle se nourrira elle-même, fleurira. Un enfant ou un animal, ou tout être vivant, n'extériorise jamais sa négativité : il s'agit simplement de besoins.

Mais lorsque nous transmettons nos empreintes à nos enfants, ils deviennent nos prisonniers et réciproquement. C'est la loi karmique. Nous ne faisons pas passer notre karma de l'un à l'autre, nous en créons un entre nous. Alors, dans notre travail, nous satisfaisons tous les désirs du corps émotionnel. Faire l'expérience de l'innommable, aider les gens à le comprendre pour qu'ils s'en libèrent : voilà un aspect très important du travail initial.

Il vaut mieux montrer à l'enfant qu'il peut survivre à la colère, tendre vers l'amour, avoir des déséquilibres et les dépasser. Il ne faut pas s'identifier aux déséquilibres, à l'innommable. En ce qui concerne le façonnage de l'enfant : si vous n'êtes pas en contact avec votre corps émotionnel, l'enfant, au lieu d'entendre vos paroles ou de vous voir vous contenir, va immédiatement percevoir votre corps émotionnel, votre énergie astrale qui rayonne. Même si vous étiez en pleine méditation, l'orange, le rouge, la négativité transparaîtrait. L'enfant va le saisir et le réfléchir. La négativité va vous stimuler, comme on stimule une amibe. L'enfant ignore de quelle énergie il s'agit mais la ressent et s'y intègre. Voilà le miroir. L'enfant agit pour vous. Puis vous entrez dans un état de réaction et l'enfant aussi, et vous recommencez encore et encore.

Le façonnage est un phénomène très intéressant. Il ne suffit pas de modeler son choix, il faut modeler son cœur. C'est pour cela que nous sommes sur terre, pour apprendre à utiliser le cœur qui représente le pont. Pour bien façonner l'enfant, il faut agir avec une totale honnêteté. Il ne faut jamais prétendre, ne jamais affirmer la réalité de quelque chose qui n'existe pas, mais simplement tout accepter et l'enfant apprendra à accepter au lieu de juger.

Dès que nous imaginons, au niveau inconscient, des images pour l'enfant (ne fais pas ceci, montre cela, cache ceci) nous le limitons. Il nous observera toujours, nous et d'autres, et cela maintiendra son plan de vie au registre le plus bas ; alors que nous essayons de façonner le plus haut registre, l'enfant extériorise le plus bas. Cela se produit très souvent.

Mais notre époque, ce moment charnière de l'Histoire, a vu l'apparition de quelque chose de merveilleux, qui ne s'était jamais produit auparavant : nous sommes en train de franchir la barrière, de dépasser les limites du mental fini, nous devenons capables de palper cette progression, cette pulsation vie/mort, vie/mort et de briser ce mode de fonctionnement. Lorsque nous nous percevons de manière multidimensionnelle – nous savons que nous avons vécu d'autres vies, que nous retrouvons des gens, que leurs visages nous sont familiers, que nous reconnaissons leurs cœurs, nous pouvons alors entreprendre les changements qui nous aideront à fusionner avec l'âme au niveau du je divin. Cela signifie que le bien et le mal n'existent plus et que nous pouvons devenir des maîtres dans cette vie, à cette époque, sur cette planète. Comme l'affirment les prophéties depuis la nuit des temps : cette époque nous verra nous éveiller ou mourir. Vous voulez vérifier ? Prenez un journal. Regardez ce qui se passe dans le monde. Ce n'est pas la voix de la condamnation qui nous tombe dessus, on ne nous annonce pas la destruction et la mort, quoique tant de nos contemporains à travers le monde meurent chaque jour pour leurs utopies. Les gens autour de nous reflètent chacun d'entre nous et nous appellent à l'éveil : « Me voici, je me reconnais. » Tout ce que nous percevons en dehors de nous-mêmes est un miroir de ce qui se passe en nous.

Le moyen de changer le monde – sur cette terre, dans cette famille, dans ce couple, dans ce travail – se situe exactement ici. Nous sommes submergés d'une multitude d'enveloppes inutiles. Notre for intérieur recèle la plus profonde richesse, la plus profonde sagesse qui puisse nous guider dans nos décisions, dans nos expériences, vers la lumière, vers ce que nous sommes. Nous ne sommes ni négatifs, ni imparfaits, ni des désespérés, ni des victimes. Mais nous ne savons pas profiter de notre force. Alors il faut trouver un moyen de briser la glace pour entrer en contact avec cette force, l'admettre, la reconnaître et avancer. *C'est le moment de devenir ce que nous sommes.*

## 2

## AU-DELÀ DU JUGEMENT

**Lorsqu'il n'y a pas de résistance il n'y a pas de souffrance.**

Le mental est l'instrument le plus puissant dont nous disposions, mais nous ne sommes pas en contact avec notre mental supérieur, ce mental qui décide de notre vieillissement, de notre santé ou de notre mort. Le mental, instrument extraordinaire, contrôle *véritablement* notre corps.

Vous ne pouvez diriger votre corps parce que l'empreinte de toutes les morts et maladies que vous avez vécues – ou celles de vos amis et de vos compagnons – vous pèsent trop. Il est scientifiquement prouvé que le mental contrôle le corps. Nous sommes capables de ralentir nos pulsations cardiaques, de changer presque tout. Nous pouvons ressentir tout ce que nous voulons, à condition que l'intention soit suffisante, à condition que le message du mental au corps soit assez clair ; car s'il reçoit un message assez clair, le corps fait exactement ce que le mental lui dit.

Si vous désirez envoyer un message à votre corps émotionnel, vous dites : « Je ne veux plus être en colère, ça me fait peur », et il ne se passe rien. Vous changerez peut-être d'attitude pendant quelque temps, et c'est utile car nous sommes des êtres sociaux, nous dépendons les uns des autres et nous nous reflétons mutuellement en permanence. Nous ignorons notre identité sauf si quelqu'un affirme que nous sommes ceci ou cela. Alors nous modifions notre comportement mais l'énergie passe ailleurs. Les plans restent inchangés parce que nous nous contentons de rester dans un endroit réduit et sécurisant. « Si je ne m'occupe pas de telle ou telle chose, ça ira et personne n'en saura rien, même pas moi. » Que se passe-t-il dans ce cas ? Le mental ne contrôle pas le corps émotionnel.

Il faut absolument que nous changions notre corps émotionnel pour pouvoir, dans cette vie-ci, dégager suffisamment de force, mettre en évidence et créer un monde hors de nous-mêmes, un monde que nous méritons véritablement. Seul le corps spirituel ou je supérieur est capable de métamorphoser le corps émotionnel car il ne connaît ni le jugement ni la négativité. Dès que nous saurons nous plonger dans l'énergie spirituelle, nous aurons accès à cette énergie qui évolue dans plusieurs dimensions. Dès que nous parviendrons à condenser tout cela dans ces véhicules, dans cette fréquence, un changement s'opérera en nous. Nous nous débarrasserons de cette vibration émanant de nous et qui dit : « Touche-moi et ne me touche pas, aime-moi mais ne m'aime pas, je ne le mérite pas » ; alors nous commencerons à extérioriser autre chose. Nous attirerons de nouvelles situations et de nouvelles personnes, nous deviendrons les maîtres de notre destin qui est réellement unique.

Comment pouvons-nous donc plonger ce corps spirituel dans le corps physique, ce plexus solaire ? Chez la plupart d'entre nous, le corps spirituel est déconnecté et bloqué par un mental linéaire. En d'autres termes, nous pensons qu'en priant, ou en méditant, tout sera réglé. C'est faux. Au mieux, nous obtiendrons un moment de répit. Mais il faut que nous fassions connaissance avec notre nature spirituelle, que nous la précipitions dans ces véhicules pour toujours.

Lorsque nous nous sommes incarnés et avons pris la densité de nos corps physiques, nous les avons jugés. Nous avons déclaré : « Non, je n'y parviendrai jamais dans ce corps », parce que nous avons immédiatement commencé à assassiner, à vivre et à mourir, créant ainsi des empreintes dans ces corps. À partir de ces expériences, nous avons induit à tort que les corps sont denses, pleins de douleurs et de culpabilité. Alors nous avons amené nos corps spirituels dans des grottes et avons revêtu des peaux. Nous avons affamé nos corps de mille manières, cherchant à sortir de cette expérience, à aller vers un ailleurs qu'on ne peut même pas imaginer. À l'heure actuelle, notre grand défi est de permettre à la nature non manifeste de notre être véritable d'être présente dans notre réalité physique, afin que notre forme devienne vraiment celle de Dieu.

Il faut accepter le fait que nous avons choisi, non sans raison, en toute connaissance, avec sagesse et amour, de naître parmi des parents, des frères et des sœurs, une famille, une culture, dans ce monde. Nous sommes venus pour accomplir une tâche, pour être quelqu'un, pour faire vibrer une énergie. Pas pour simplement naître, nous battre et mourir. Nous connaissons maintenant de manière scientifique le secret de la vie et de la mort. Mais nous devons nous élever au niveau où nous choisirons notre vie. Nous devons comprendre que chacun d'entre nous est ici avec la mission d'apporter quelque chose à cette terre, à nous-mêmes, à tous ceux qui nous entourent. Nous devons redécouvrir cette mission, le sens de notre vie. Nous devons commencer à regarder avec notre connaissance supérieure, avec notre je supérieur, à comprendre notre importance, notre mission ici-bas. Le principe de ce travail est de libérer le corps émotionnel, de le laisser exprimer toutes ses empreintes, car il va traverser toutes les empreintes astrales... si vous ne lui dressez pas de barrières. S'il n'a pas de structure, il soufflera comme le vent. Le corps émotionnel va rejouer tout le répertoire. Il se peut qu'une personne commençant une session tue un être cher ou revive un événement qui la culpabilise dans cette vie. Lorsqu'elle en sera libérée, elle aura accès au registre supérieur. Alors la nature spirituelle s'imposera à cette personne, quoiqu'elle ait pu faire. Et elle continuera à se diriger vers le registre élevé.

Votre corps mental ne peut identifier votre jugement. Il faut aider le corps émotionnel à identifier le jugement et laisser le corps spirituel le relâcher. Il faut en fait passer au-dessus du mental vers le mental supérieur pour arriver dans un registre hors d'atteinte du jugement. Et vous reconnaîtrez cet endroit lorsque vous y serez. C'est la même chose quand on apprend une langue : on peine et puis un jour on rêve dans cette langue. Ce jour-là, on connaît la langue.

Le corps mental va immédiatement tenter d'identifier le jugement, et la motivation ultérieure du corps émotionnel sera de l'éviter. Le corps émotionnel ne veut pas que vous changiez, il ne veut pas changer de régime. Si le corps émotionnel se nourrit de jugement et de vertu, c'est ce qu'il exigera dans la vie. Il vous amènera même à un niveau rationnel où il dira : « Oui, je comprends. » C'est ce que Werner Erhard voulait dire lorsqu'il avançait : « La compréhension, c'est le prix de consolation. » Nous sommes coincés par la compréhension, prisonniers de notre mental. Il faut briser la glace. Et seul le véhicule spirituel, le je supérieur, peut le faire. Il nous offre la capacité de nous précipiter dans la fréquence de notre je divin. C'est la force, l'énergie qui change, qui éveille le corps émotionnel. Le je supérieur peut modifier nos sentiments à l'égard des autres, de la réalité, il peut transformer notre manière de percevoir. C'est pour cela que nous sommes ici : pour intégrer le je supérieur. Chacun d'entre nous doit s'éveiller et savoir que nous sommes nos propres maîtres, nos propres guérisseurs, et nos propres prêtres.

Une grande liberté naît de l'expérience du je supérieur. Il faut que nous agissions maintenant car toutes les prophéties se réalisent. Elles se réaliseront selon nos perspectives particulières. Trouverez-vous votre je divin ici ? Devons-nous apprendre à le faire en nous concentrant sur la capacité à matérialiser, à manifester au niveau de la Terre ? Allons-nous arrêter les tremblements de terre ? Nous débarrasser des radiations ? Ou le ferons-nous d'une autre manière ? Peu importe à quel niveau nous opérons, le fait est que nous traversons une période de grands changements.

Notre travail concerne l'énergie, pas le mental. Le corps mental annonce : « D'accord, je vais maintenant utiliser le corps spirituel pour soulager le corps émotionnel. » Mais le corps spirituel n'est pas manifeste, il ne peut pas être ancré de cette manière. Dans notre perspective linéaire occidentale, c'est comme une épée à double tranchant. Au Light Institute, nous commençons avec ce que nous pouvons déplacer ou palper. Nous commençons avec le corps émotionnel, sur lequel nous pouvons travailler de manière expérimentale, ainsi que sur le corps physique.

Dès que le je supérieur et les registres supérieurs entrent en scène, il devient difficile de conserver le jugement qui nous emprisonne. Nous ne choisirons pas le jugement car c'est contraire à la loi cosmique. Mais ce refus n'est possible qu'à partir des registres du je supérieur, et c'est ce que nous avons du mal à comprendre. En termes de logique et, selon notre façon habituelle d'agir, cela ne veut rien dire : obliger le mental fini à accomplir quelque chose d'infini. Ça ressemble vraiment à un merveilleux gag cosmique : nous essayons d'utiliser notre rationalité pour nous protéger de quelque chose. C'est impossible car le corps émotionnel contrôle la rationalité, colorant ce que nous pensons être vrai par la position qu'il adopte. La rationalité consiste simplement à canaliser quelque chose vers un endroit que nous croyons contrôler. Mais tout cela n'est qu'illusion.

Le contrôle finit par éteindre la force de vie. Il dit : « Non, tu ne peux pas faire ceci, tu n'as pas le droit de faire cela. » Très vite, on se ferme. Voilà ce qui se produit au niveau du plexus solaire, lorsque nous contrôlons nos émotions. Pour cette raison les enfants ont souvent des maux d'estomac. Ils perçoivent le corps émotionnel des adultes, et ils s'y accoutument à travers la zone de leur plexus solaire. Alors nous essayons d'éviter la douleur du souvenir simplement en nous fermant, ce qui, on s'en doute, engendre une terrible pression sur le véhicule physique.

Laissez-moi vous raconter une histoire. La toute première fois où j'ai médité – où j'ai commencé avec cet aspect du travail de ma vie –, c'était avec un groupe de méditation du Peace Corps et j'ignorais de quoi il retournait. Il s'agissait d'un cercle d'environ dix-huit personnes. Elles avaient été mes élèves mais, à ce moment précis, les rôles étaient inversés. Nous nous apprêtions à une méditation de groupe. Apparemment, elles avaient déjà pratiqué ce genre de méditation en tant que groupe d'études « Edgar Cayce », et avaient perçu plusieurs aspects du paranormal. Pendant que le silence commençait à se répandre dans la pièce, je pris conscience d'une étrange lumière blanche. Elle était d'une telle intensité que mes paupières commencèrent à trembler de manière violente et incontrôlable. Je suffoquais, ma gorge s'avança brutalement et ma tête se renversa en arrière, comme agrippée par quelque force invisible. Tout à coup, la lumière blanche se transforma en un large rayon de lumière qui me frappa entre les yeux. Sa force me transperça la tête, et je fus saisie d'une sensation étrange, comme si mon crâne venait d'être divisé en deux et qu'il ne restait, à l'emplacement de mon cerveau, qu'un immense canal vide. C'était comme une tornade de lumière qui me traversait. Une voix se détacha et m'imprima ce message inoubliable : « *Lorsqu'il n'y a pas de résistance, il n'y a pas de souffrance.* »

Je mis longtemps avant de me retrouver moi-même. Je ressentis des sensations de flottement, des points de lumière aveuglants, une charge électrique de haut voltage qui me traversait, ce que j'identifie aujourd'hui à l'extase.

Si vous désirez transformer votre corps émotionnel, vous n'y parviendrez pas dans votre mental, en disant « Je ne vais rien laisser transparaître » ou bien « Je ne vais pas m'engager dans ces émotions », parce que ce n'est pas dans les larmes que réside votre corps émotionnel. Il ne s'assimile pas à votre colère, ni à ces émotions superficielles. C'est une énergie, une entité cohérente qui appartient à votre être multidimensionnel. Vous ne le trouverez pas en apprenant à ne pas pleurer ou crier. Vous l'obtiendrez par l'amour. Vous devrez le faire accélérer jusqu'aux fréquences supérieures. Lorsque vous commencerez à le faire accélérer, grâce à la force centrifuge, les émotions les plus basses, les énergies les plus lentes se feront éjecter. Il faut en fait aider le corps émotionnel à accélérer en lui envoyant l'énergie.

Jusqu'à présent, nous ne sommes pas encore parvenus, sur cette planète, à utiliser le corps émotionnel comme il devrait l'être parce que nous n'avons pas encore contacté nos je divins. Nos corps émotionnels, qui pourraient être accoutumés à l'extase et à la joie, le sont à la peur et à la colère parce que ce sont des énergies à vibration lente. Vous avez peut-être remarqué que lorsque vous captez une chose sur le plan psychique, cela correspond souvent à la mort de quelqu'un ou à un accident grave. C'est ainsi que nous fonctionnons en télépathie lorsque nous utilisons notre corps émotionnel ; ce n'est pas dans les registres les plus élevés. La plupart d'entre nous ne s'approche le plus de ces fréquences élevées qu'au moment de l'orgasme. Mais combien de temps pouvons-nous le faire durer ? Tout au plus quelques minutes, et puis on s'endort ou on fait autre chose car on ne peut pas supporter cette fréquence. C'est une charge électrique et elle fait peur. Nous voulons la ralentir, nous ne la comprenons pas car elle ne nous est pas familière.

Il faut maintenant que nous soyons capables de passer cet entonnoir de l'initiation. Il faut essayer d'atteindre l'extase. Nous pouvons accéder à cette haute fréquence d'énergie pour la contenir dans le corps de plus en plus longtemps. Dès que le corps émotionnel se fabriquera un cadre de référence pour cette nouvelle énergie, il s'y accoutumera et délaissera la négativité. Il s'habituera à la *vie* plutôt qu'à la *mort*. Le défi, c'est que la lumière ou les fréquences élevées ne sont pas attrayantes parce qu'elles n'ont ni personnalité ni ego ni « autocollants ». Elles n'ont ni poids ni matière et nous ne pouvons pas les reconnaître.

Chaque fois que vous vous apprêtez à faire quelque chose que vous appréhendez ou sur laquelle vous détenez une position définie – comme de parler à votre patron –, le corps émotionnel et l'ego vous obligent à adopter, pour vous défendre, une perspective cristallisée : « Je dois me protéger d'Untel. » Pour faire accélérer votre corps émotionnel, il faut abandonner cette position. Il faut lâcher prise, abandonner votre fausse idée de vous-même. Cela ne plaît pas à l'ego ; ça s'appelle mourir. Une partie de nous-même meurt lorsque nous entrons dans la lumière et l'ego prend peur. Vous devez aider l'ego à admettre qu'il restera intact, que le mental fini aura simplement une autre vision lorsqu'il évoluera dans une autre dimension. Et alors ? Vous ne deviendrez pas fou. Vous ne perdrez pas pied dans ce monde. Vous ne faites que l'élargir. Pour ce faire, nous devons nous entraîner et nous avons besoin d'aide.

Pour en revenir à la technique, il faut simplement comprendre le principe : sortir l'énergie, sortir le champ aurique depuis le plexus solaire. La technique est la suivante : imaginez que vous inspirez de la lumière par le dessus de votre tête et la faites rayonner à partir du plexus solaire. Donc, lorsque vous allez parler à quelqu'un et que vous avez un *a priori*, prenez un moment pour faire rayonner votre énergie depuis le plexus solaire, et aucune énergie provenant d'une tierce personne ne pourra vous pénétrer. Vous ne serez pas atteint par l'énergie d'autrui. Essayez et vous verrez que les gens vous regardent, vous perçoivent différemment. Si vous les obligez à devenir des pions dans votre scénario, ils deviendront les méchants de votre film. Mais si vous rayonnez de lumière et que vous n'avez pas besoin du « méchant », alors ils sont libres. Et vous aussi.

Vous n'éprouvez plus le besoin de vous protéger de votre partenaire, de vos enfants, du gouvernement ou de quoi que ce soit. Vous devez simplement comprendre que vous ne pouvez plus résister. Vous devez vous abandonner, parce qu'alors aucun « autocollant » astral, émotionnel, ne vous ralentit, ne vous cristallise dans une position donnée. En Inde, un grand gourou du nom de Sai Baba est capable de faire apparaître des cendres, des bijoux et toutes sortes de choses, à volonté. Lorsqu'on lui demande : « Comment faites-vous ? », il répond : « Cela fait partie du mental et, lorsque vous aimerez toute la création, vous pourrez en faire autant car ce sera votre création. » Lorsqu'il n'y a pas de résistance, il n'y a pas de souffrance. Vous devez cesser de résister et adopter une position pour attraper, pour canaliser l'énergie, la lumière à travers vous et la faire rayonner. Il faut que le plexus solaire rayonne vers l'extérieur au lieu de se contracter. Les glandes du plexus solaire sont des parties de nous qui sortent de notre corps. Lorsque vous faites sortir l'énergie du plexus solaire, c'est comme si vous cardiez le crin. Vous le décapez de tous les autocollants émotionnels, de toute substance astrale, poids et matière, provenant de la dimension astrale, du corps émotionnel.

Impossible de le faire dans sa tête : cela se passe au niveau des tripes. Prenez simplement l'habitude d'écouter votre plexus solaire. Quand vous vous levez le matin, écoutez-le d'abord. Essayez de percevoir ce que vous êtes réellement en train de faire. Avez-vous un nœud dans le ventre, est-ce que cela bouge à l'intérieur, ou bien est-il ouvert ? Palpez votre plexus solaire avec de légères pressions des doigts. En fait, le plexus solaire comprend toute la partie centrale, le foie d'un côté, la rate de l'autre. C'est important de comprendre la signification de cette partie centrale du corps car cette connaissance de soi est nécessaire.

Cela aide beaucoup d'être en contact physique avec son plexus solaire. Pendant trois jours, essayez des pressions avec les doigts, remontant du nombril jusqu'au sternum pour ouvrir l'énergie. Pressez le plexus solaire jusqu'à ce que vous ressentiez une indisposition. Puis relâchez et appuyez de nouveau jusqu'à ce que vous puissiez savoir à quel moment votre corps se ferme, à quel moment votre plexus solaire se ferme. Le plexus solaire est souvent contracté : c'est une erreur de croire qu'on se protège ainsi. Pourtant, nous le faisons pour nous défendre des agressions. Nous ne pourrons pas nous conduire comme des maîtres avec cette attitude. Le plexus solaire doit rayonner vers l'extérieur.

Les émotions occupent les tripes, siège du corps émotionnel, et c'est de là qu'elles sont déclenchées. Si vous êtes très attentif, vous remarquerez les différences. Comment ressent-on physiquement la faim lorsque l'estomac gargouille ? Que ressent-on quand il ne s'agit pas de faim physique ? Essayez de trouver la différence entre la faim émotionnelle – quand vous avez envie de quelque chose – et la faim physique. Commencez par palper tous ces aspects de votre plexus solaire, et faites attention à ce que vous ressentez lorsque vous entrez dans un supermarché ou dans une banque. Le corps émotionnel ne veut pas abandonner sa condition. Il ne veut pas se défaire de sa douleur, de sa contraction ou de sa peur. Alors que vous commencez à conceptualiser votre corps émotionnel dans le plexus solaire, sentez ce que cette peur représente physiquement. Sentez ce que l'oppression, la faim ou la lâcheté représentent *émotionnellement*. Au début, apprenez à reconnaître qu'il existe quelque chose de palpable dans le plexus solaire parce que nous avons besoin de ce contact pour découvrir notre corps émotionnel. « C'est dur ou c'est mou » ; on peut faire le même genre de constat sur le corps émotionnel : « c'est de la colère » ou « c'est de l'amour ». Idem à un niveau supérieur : « c'est rayonnant » ou « rien ne bouge ». Vous pouvez palper cela et recevoir toutes sortes d'informations en vous concentrant sur l'intention. Vous pouvez utiliser vos doigts comme extensions de l'intention, et utiliser votre cœur. Vous devez apprendre à jouer de ces corps réunis, de manière à n'être pas isolé dans un corps en créant un déséquilibre.

Nous nous isolons dans un corps pour nous protéger. Nous pouvons également nous réfugier dans notre corps mental pour éviter de ressentir l'environnement. Vous pourriez encore vous isoler de votre corps mental pour vous protéger de votre corps émotionnel. C'est comme cela qu'on se sabote ou qu'on s'identifie. Mais il y a toujours le revers de la médaille. Même si le mental dit « Oh non, je ne vais pas m'arracher les cheveux et devenir émotionnel », on le fait quand même parce qu'on y trouve son compte. L'essence de notre travail à l'Institut se trouve là : nous n'essayons pas de supprimer les désirs du corps astral, mais simplement de l'accélérer, de l'élever à un registre supérieur.

La voie d'accès à la multidimensionnalité, à tous ces corps variables dont nous sommes composés, c'est la perception. Elle constitue la trame de la réalité, le plan architectural. C'est une structure qui définit les limites, la forme, les pulsations, la couleur, la texture de la réalité. Lorsqu'une âme crée une réalité, la décision de savoir si cette réalité reflètera l'amour, la lumière et Dieu – ou la colère, la peur et la mort – dépend de la capacité de cet être à percevoir et reconnaître le choix, à pratiquer le discernement. Le choix illuminé crée une réalité qui promet, raconte et manifeste les exigences de l'âme.

Notre positionnalité définit et orchestre nos perceptions. Et notre positionnalité est fabriquée par notre expérience. Nous ne sommes prêts à percevoir que ce qui appartient à notre répertoire. Le travail de l'Institut a pour but de libérer notre positionnalité de ses entraves, d'agrandir le répertoire, d'élargir notre vision ; de permettre au courant de passer à travers tout le corps, à travers tous les aspects multidimensionnels de la vie, sans être retenu, isolé, freiné par la positionnalité.

La positionnalité se forme à partir de la dimension astrale, de l'expérience, du bon sens. À l'Institut, nous nous servons de l'outil de la perception pour découvrir ces aspects de la positionnalité qui gênent l'évolution. Nous contribuons à découvrir ce qui permet la libre circulation pour que l'évolution puisse avoir lieu. Nous participons à la création des circonstances permettant d'invoquer le tout, l'hologramme.

Dans notre travail, nous dirigeons l'étrave pour percer, pour explorer la cristallisation de l'essence du choix, afin que le discernement puisse devenir un écho de la lumière. L'hologramme doit être libéré pour s'élargir en permanence vers l'extérieur. Il doit rayonner vers l'extérieur avec la même nourriture que celle dont l'âme a besoin pour équilibrer ce qui nous vient des plans astral, émotionnel et matériel – tout ce qui est connu –, et à rechercher de nouveaux canaux de création, de nouveaux canaux d'expression. La mutation, la transformation elle-même devient la danse de la création. Elle ouvre à toutes les âmes des possibilités infinies, libres de toute positionnalité et de cette expérience qui bloque la circulation, colorie ses choix.

# 3

# ACCÉLÉRER NOTRE FRÉQUENCE

**La survie dépend de la conscience.**

Nous vivons actuellement de profonds changements émotionnels. Par exemple, combien de vos relations actuelles avec les autres vous satisfont pleinement ? Nous entretenons des relations difficiles depuis quelques années. Pourquoi ? Parce que nous faisons des erreurs ? Non. Tout simplement parce que nous sommes en train d'accélérer, d'aller le plus vite possible car c'est le moment. Il faut comprendre cela non pas avec un « Oh ! là, là, ça arrive » mais plutôt avec un « Ah, ah, voyons ce que nous allons choisir ». Ainsi, pourrons-nous danser avec la grande intégrité, avec la sagesse et les capacités dont nous disposons au niveau divin.

Les relations sont difficiles parce que l'énergie vous imprime un message : « À partir de maintenant, tu ne pourras plus l'obtenir d'un autre. Tu ne pourras plus le réfléchir : tout est en toi. Tu as choisi tous ceux que tu rencontreras dans ta vie, y compris les passants dans la rue. » C'est vrai. Dès que vous observez la multidimensionnalité, que vous regardez à l'intérieur de vos vies antérieures, vous commencez à comprendre qu'aucun de vous n'est étranger à l'autre – *vous choisissez toute cette énergie.* Lorsque vous expérimentez cela, il se passe quelque chose de très important. L'histoire elle-même, le contenu de nos vies antérieures ne compte plus mais le *thème* de toutes les expériences est crucial pour notre capacité à survivre.

Votre corps se compose de toutes les formes-pensées que vous avez eues, individuellement, au niveau de l'âme, ainsi que de toutes les formes-pensées des âmes qui se sont incarnées aux mêmes moments que vous. Si je fais une expérience quelconque, elle est disponible pour chacun d'entre vous. L'impression demeure parce que *nous ne sommes pas séparés*. Donc, lorsque nous vivons une expérience dans une vie, l'impression se perpétue. Lorsque nous reconnaissons cela et pensons « Ah ! Voilà l'histoire, voilà le thème », nous pouvons décristalliser ce thème et le faire sortir de la structure moléculaire de notre corps. Même s'il représente une vie « réussie », il faut s'en débarrasser car il entrave notre route actuelle.

À la minute où nous nous abandonnons et relâchons tous ces thèmes, l'énergie circule à nouveau et retourne à l'essence de sa forme pure, nettoyée de l'impression de l'expérience passée. Il n'est pas nécessaire de croire en la réincarnation pour que ce processus fonctionne. Votre enfance, les modèles choisis qui vous ont donné les impressions culturelles, émotionnelles et mentales, agissent toujours en vous. Si les adolescents ont tant de mal à dire à leurs parents : « J'ignore qui je suis mais je ne suis pas vous ! », c'est parce qu'ils sont leurs parents. Les impressions entre parents et enfant sont si puissantes qu'ils sont comme en symbiose. L'enfant choisit les parents à modeler, et les parents se modèlent en élevant l'enfant.

*Nous avons choisi nos parents.* Sachant cela, nous serions en mesure de révolutionner le monde, car chacun d'entre nous transporte des histoires, des autocollants dans sa famille, car notre proche famille constitue notre karma le plus intense. Nos parents, frères, sœurs et enfants, sont des âmes avec lesquelles nous avons longtemps voyagé.

Un psychiatre a affirmé que quatre-vingt-dix pour cent des mariages se font dans un but de vengeance. Vous saisissez ? Nous ne sommes pas coincés ici. Nous pouvons changer cela, simplement en changeant nous-mêmes, en modifiant cette impression du corps émotionnel que nous communiquons au monde extérieur.

Actuellement, nous subissons l'emprise d'images incroyables, notamment les images d'un possible anéantissement. Socialement, nous rencontrons d'énormes difficultés avec notre énergie sexuelle, et nous voyons apparaître de nouvelles et d'anciennes maladies qui sont comme des messages lancés à notre intention. Pas besoin d'aller très loin pour apercevoir ce dont nous devons nous débarrasser. Il suffit de regarder autour de nous. Et la guerre, que nous apprend-elle ? « Arrêtez tout de suite, ça ne marche pas, trouvez autre chose. » Ce jeu est périmé et très dangereux. Il faut envisager une autre solution ou bien nous allons tous disparaître.

Nous devons observer notre véhicule physique. Nous ne l'utilisons pas de la manière prévue par notre être divin. Notre droit de naissance nous autorise à traverser les murs. La structure moléculaire de notre corps est légère. Actuellement, nos vibrations sont très, très lentes. Nous rencontrons des problèmes relationnels ou d'ordre sexuel. Et, à nouveau, je vous répète qu'il y a une manière complètement différente d'aborder ces questions.

À l'heure actuelle, nous mettons à nu tous les aspects les plus inexprimables de notre personne, et cela très rapidement. Regardons-les en face, percevons-les tels qu'ils se présentent réellement. Que nous disent-ils ? Si, par exemple, vous avez saisi ma démonstration à propos du choix des parents, vous vous rendrez compte que vous n'êtes pas la victime de votre « mauvaise mère » ou de votre « terrible père ». *Vous n'êtes pas une victime* : voilà un point très important. Si vous pouviez assimiler cela, si vous pouviez le palper pendant ne serait-ce qu'un instant, vous seriez immédiatement touchés par l'illumination en lisant ces lignes. *Il n'y a pas de victimes.*

Au cours de mes années de travail, l'une des choses les plus importantes que j'ai apprises est que, si des gens ont été maltraités, il est possible de revenir en arrière et de retrouver le responsable de ces mauvais traitements. Les gens se demandent : « Pourquoi moi, mon enfant, mon amant ou mon père ? » Et, ce que nous découvrons est stupéfiant. S'ils sont aujourd'hui victime, c'est qu'ils ont été le bourreau de cette même âme auparavant. Derrière cet équilibre, on trouve un jeu de balancier : « Ce que tu me fais, je te le rends » ; et on continue ce petit jeu indéfiniment.

Il y a même là quelque chose de plus profond. L'âme qui les fait souffrir est une âme avec laquelle ils voyagent depuis toujours, ce que personne ne peut faire à leur place. Personne ne voudra se salir les mains pour vous administrer une punition que vous pensez mériter. Aucune autre âme n'accomplira cette tâche. Votre ennemi ne vous tuera pas, je vous le promets. Il avance dans la lumière et il ne régressera pas vers le mal et l'obscurité pour vos beaux yeux. Il faut vraiment être capable d'un amour profond pour demander : « Est-ce que tu crois que tu apprends quelque chose lorsque je t'offense ? » Il n'y a que l'amour. Il faut simplement prendre contact avec cet amour qui réside au fond de nous, et nous ne verrons que lui à l'extérieur.

Le corps émotionnel est mû par l'ego qui nous retient dans le monde tridimensionnel. C'est très utile mais il faut être vigilant, parce que l'ego a toujours tendance à dire : « Fais attention à celui-là, je n'aime pas les vibrations de celui-ci, ça me semble risqué, ça me paraît dangereux. » L'ego bavarde sans cesse. Nous entendons toutes ces petites voix au fond de nous. Elles nous empêchent de nous reconnaître mutuellement avec amour, de manière cosmique, grâce au troisième œil. Lorsque l'on regarde avec le troisième œil, on peut choisir. Tous les hommes qui vivent actuellement sur cette planète ont en eux la capacité psychologique, psychique et spirituelle d'utiliser le troisième œil. Il ne s'agit pas d'une supercherie. Nous possédons tous, à l'intérieur de la glande pinéale, les cellules du troisième œil. Nous pouvons voir la vérité au niveau intérieur. Mais notre corps émotionnel se trouve toujours confronté à la peur. Nous commençons toujours par la peur.

Cette planète est celle du *chakra* du cœur. Nous sommes ici pour ouvrir le cœur, pour connaître la polarité et l'émotion. Nous devons admettre que nous n'éprouvons pas ces émotions dans tous les aspects de nos êtres multidimensionnels. Nous nous tenons au cœur d'une expérience et nous devons la moduler pour apprendre à utiliser cette compréhension supérieure, la capacité de voir. Exemple : si je n'ai pas peur de vous, je peux vous voir. Si j'ai peur, je me ferme pour ne pas vous voir en totalité. C'est pourquoi nous nous promenons tous avec un nœud à l'estomac. Parce que nous refermons le *chakra* du plexus solaire. J'ai remarqué que certains enfants sont émotionnellement fermés dès l'âge de deux ans. Ils ont constamment des douleurs au ventre. C'est parce qu'ils voient le champ aurique des adultes autour d'eux, ressentent ce que ressentent les adultes et l'intègrent dans leur plexus solaire. Nous prenons très tôt l'habitude de vérifier avant tout si nous sommes en sécurité ou pas, si nous aimons quelqu'un ou non. Nous contractons le plexus solaire. Puis nous extériorisons les fibres de notre corps émotionnel, du *chakra* de notre plexus solaire, et nous sondons tous les autres afin de vérifier leur fiabilité, leurs sentiments, et nous absorbons le tout. Si nous avons peur et que le corps émotionnel y est accoutumé, nous allons forcément rechercher la peur car elle joue le rôle de stimulus biochimique, comme une drogue. La peur est un stimulus : elle nous donne l'impression d'exister pendant un moment.

Lorsque vous avez peur, le plexus solaire se crispe. Ses glandes provoquent une réaction de notre système nerveux sympathique. Les drogués connaissent tous cette décharge de type orgasmique. C'est littéralement et physiologiquement une décharge orgasmique, et votre corps émotionnel y est véritablement accoutumé. Il désire ce stimulus, il en a soif car s'il en manque, nous pressentons une mort inexorable. Nous créons une réalité basée sur le désir de cette décharge et non pas sur notre identité, une réalité fondée sur un principe : avec qui allons-nous jouer et qui pouvons-nous attirer pour recevoir cette décharge ?

Il faut comprendre ce principe réactif pour nous libérer les uns les autres. Nous sommes prêts à voir dans le visage de l'autre cette reconnaissance, ces points communs, et à reconnaître que nous sommes ici pour accomplir une tâche ensemble. Nous ne voulons pas mettre l'expérience en boîte pour pouvoir la contrôler. Nous voulons maintenant nous élever vers le mental supérieur, vers la compréhension de l'hologramme. Nous devons apprendre à fonctionner de cette manière. Nous ne sommes pas encore dans ce cadre de référence parce que nous sommes rivés aux *chakras* inférieurs. Ainsi donc, tout ce que la conscience reçoit est filtré par le corps émotionnel, qui limite et tire vers le bas. Il faut apprendre à appréhender la vérité sans ce filtre. Dès que nous y parviendrons, nous serons véritablement centrés et nous sortirons enfin de l'état réactif. Nous n'avons pas besoin de réagir pour survivre. Nous vivons dans l'essence de notre forme pure.

Voilà la grande leçon actuelle de cette planète. Notre survie dépend de notre conscience individuelle. C'est pourquoi nous devons monter vers une fréquence suffisamment élevée. Parce que s'il y a rayonnement, si toutes ces images de peur s'estompent, seule la conscience pure restera notre alliée, et elle aura la force de transmuer nos créations négatives.

Seuls notre propre jeu et notre voile maintiennent la séparation, le jugement et le pharisaïsme. « J'agis de telle manière avec les gens mais dès que j'enfile un uniforme, je change de comportement. » Il faut se débarrasser de tous ces costumes et commencer à fonctionner de manière holographique.

C'est alors que commence le nouvel âge. Toutes ces séparations arbitraires sont factices. Aussi est-il important d'admettre que nous lisons déjà les champs auriques et que nous sentons l'énergie. Il faut reconnaître, admettre et honorer le fait que nous en sommes capables, et de manière très précise. Dès que nous pourrons dire : « Je te vois, je connais tes formes-pensées, tu peux me voir », nous cesserons de jouer des rôles. Nous reconnaîtrons véritablement l'autre.

Le monde a faim, et nous avons choisi de lui apporter cette nourriture. Voilà la différence entre la conscience naissante et les vieux modes de fonctionnement du mental. Même la religion, qui aurait pu fournir le plus expérimental et le plus « connecté » des modes de fonctionnement, s'est tellement cristallisée que les rituels sont aujourd'hui dépourvus de sentiments. C'est parfait car il faut maintenant abandonner les rituels, faire disparaître l'homme moyen sous toutes ses formes. Nous n'avons plus besoin de rôles ni de costumes.

Notre travail au Light Institute vise à effacer tous les compartiments du corps mental pour que nous puissions évoluer librement et avoir accès aux quatre-vingt-dix pour cent du cerveau qui savent de quoi il retourne. Alors, nous ne serons plus pris au dépourvu sur aucun registre, qu'il s'agisse de radiations venant à nous, ou de quoi que ce soit d'autre. Aucune différence entre nous et la sauterelle ou l'oiseau ; nous avons simplement oublié. Nous possédons ce cerveau reptilien, cette capacité de savoir. Il y a quelque chose dans l'air, une mémoire est en train de resurgir, quelque chose est sur le point de se construire quelque part. Il faut se débarrasser des bavardages pour pouvoir entendre. Nous devons écouter à l'intérieur.

Il faut redoubler d'attention pour localiser la membrane la plus fine et percer le cœur. Tout ce que je vous enseigne est basé sur des informations venant des gens, de leurs corps, et non de leur mental. Le corps ne ment jamais. Il saura vous décrire très précisément la qualité de l'émotion. Il ne se contentera pas de montrer qu'il s'agit de colère mais la définira sur vingt-sept registres différents : colère spirituelle, physique, mentale. Lorsque nous permettons au corps de nous donner la réplique, nous comprenons vraiment ce qui se passe. Parfois, nous laissons passer un élément, peu importe ; parfois nous nous arrêtons sur une réplique. Cela fait partie du système d'information composant l'hologramme, mais encore faut-il savoir quelle ficelle tirer. Notre succès dépend de la qualité de notre attention et de notre action sur la ficelle. Si nous tirons celle-ci, nous aurons peu ou pas de réaction. Nous sommes attentifs aux répliques pouvant provenir de vibrations sur nos doigts, de la chaleur émanant du corps, de couleurs dont ils parlent, de scènes qu'ils nous racontent, ou d'une douleur qu'ils ressentent quelque part dans leur corps. Si nous nous concentrons sur ces répliques, nous tirerons immédiatement la bonne ficelle, celle qui déclenchera le changement, l'élan vers la percée.

Lorsque nous travaillons avec une personne, nous nous rendons compte que tout reste bloqué à l'intérieur, que tout est compartimenté. Ce n'est pas le désordre, tout parle à l'unisson. Nous finissons par nous rendre compte à quel point le corps est magnifique car il nous dit la vérité de toutes les manières possibles. Le corps émotionnel nous le dira, le corps physique et le mental aussi : la même histoire venant de plusieurs aspects de la même personne. Mais nous en savons déjà tant... nous prenons simplement conscience des capacités que nous possédons déjà.

À l'Institut, nous plaçons notre intentionnalité sur quelqu'un et écoutons. Chacun de nous reçoit des informations en permanence lors d'une rencontre avec quelqu'un, mais nous les étouffons et les empêchons d'accéder à la conscience. Nous pouvons décider de les étouffer, de ne pas savoir, ou bien nous pouvons les amener à la conscience et reconnaître qu'il s'agit d'un langage spécifique. Nous connaissons tous la signification de la couleur. Seules quelques personnes sont capables de distinguer les couleurs du champ aurique, pourtant nous le connaissons tous, nous savons tous qu'il existe. Prenez une impression que vous ressentez à l'égard de quelqu'un, fermez vos yeux et essayez de voir quelle couleur vous vient. Vous saurez que, si vous voyez du rouge chez quelqu'un, c'est de l'énergie ou de la colère. Vous pouvez sentir si la colère dégage de la force. L'énergie *yang*, la force masculine agressive, s'illustre avant tout par le rouge. Si nous percevons du rouge chez quelqu'un, nous pouvons le palper pour voir qu'il représente la colère – une émotion – ou l'énergie de la vie. Les couleurs sont apparentées, tout comme les corps. Elles représentent des messages du corps, des émotions. Les couleurs du champ aurique sont universelles et leur interprétation n'est limitée par aucune de nos représentations culturelles. L'universalité de leur signification résulte de la durée d'une fréquence vibratoire, à l'origine des couleurs. Nous voulons permettre à une personne de nous parler depuis les fréquences vibratoires en concentrant simplement notre attention sur elle, en écoutant. Il est très délicat de se concentrer complètement sur quelqu'un et non sur les interactions que nous avons avec cette personne.

Grâce au procédé mis au point au Light Institute, nous sommes à même d'entrer en contact avec ce qui se passe à l'intérieur. Lorsqu'une personne est en train de revivre une vie antérieure et que nous nous trouvons à un moment crucial, nous sommes capables de tirer la bonne ficelle thématique d'une émotion ou d'une chose particulière suggérée par une couleur ou une odeur. Nous sommes là pour aider cette ficelle à sortir du rang. Le « faciliteur » est un spectateur et un animateur. Notre rôle consiste à protéger, à ne pas s'interposer, simplement à guider. Nous avons eu à apprendre une manière d'orchestrer, d'animer, qui ne soit pas manipulatrice, qui ne soit pas notre propre positionnalité, notre propre interprétation, et qui permette à chaque personne de chercher sa vérité, de l'ouvrir.

Le canevas du langage corporel doit être développé. Si nous le percevons, un petit signal nous avertit. Et si nous n'y pensons pas ou ne l'analysons pas, si nous en saisissons seulement la perception alors que les gens avancent dans une direction, nous serons capables de les guider vers le but sans les forcer. Nous évitons de les manipuler. Nous fournissons un environnement qui les sécurise et les libère suffisamment pour qu'ils entrent dans leur histoire, aillent vers le rouge qui déclenchera leur énergie sexuelle, leur colère ou leur douleur. Nous leur permettons de continuer et d'entrer en contact avec le grand « Ah-ah ! ». Sentez vous-même votre corps émotionnel. Si vous vivez dans la peur – ce qui est généralement le cas –, la seule manière de passer outre cette peur est de prendre contact avec votre énergie spirituelle, de précipiter et de tirer le je supérieur dans ce véhicule pour qu'il commence à vibrer plus rapidement. Toutes les couleurs correspondent à une vibration ; tout vibre.

Si vous vibrez assez vite, si vous rayonnez vers l'extérieur, rien ne peut pénétrer votre plexus solaire. Le moment est venu de prendre son envol, de rentrer à la maison. Elle ne se trouve pas dans un ailleurs. La maison, c'est notre fréquence, notre expérience de la lumière. C'est toute la connaissance, la reconnaissance par laquelle nous relâchons notre attention de cette partie faible de nous-mêmes, ce moi que nous avons créé dans cette dimension.

Nous devons entrer en contact avec le *maintenant*, dans cette vie-ci, pour nous sortir du cercle karmique. Le karma n'est pas une punition, rien ne nous oblige à le continuer éternellement. Nous pouvons choisir d'être des maîtres ici et maintenant, pas demain, pas après avoir lu encore dix livres ; simplement en nous reconnaissant nous-mêmes. Qui est le je utilisant ce véhicule dans cette dimension ? Cette dimension subit actuellement de profonds changements. La terre vibre plus vite, cette dimension accélère. Nous pouvons utiliser notre capacité à reconnaître, à laisser les ondes sortir du corps émotionnel, pour nous sentir plus grands, plus rapides, plus clairs. L'expérience de la lumière n'est pas distincte de nous. Nous ne sommes pas contraints à rester ici.

La spiritualité est un droit de naissance : inutile de la chercher partout, nous en étions dotés dès la naissance, ainsi que de cet incroyable cerveau. Nous possédons un cerveau reptilien qui garde tout en mémoire car nous nous en sommes servis dès l'enfance. Ce cerveau reptilien représente la partie animale qui nous prévient lorsqu'il y a de la radioactivité ou des éléments toxiques autour de nous. Les nuages radioactifs de Tchernobyl n'ont pas mis des jours ou des semaines à arriver aux États-Unis : ce fut presque instantané. Dans le monde entier des gens l'ont perçu, les enfants l'ont perçu. Ils ont été touchés par une vibration rapide, comme une giclée. Cette vibration ressemble au cancer par son comportement. Une fois affectés, les électrons de la cellule irradient dans toutes les dimensions. Nous ne pouvons plus dire « ça n'arrive qu'aux autres ». Ce qui leur est arrivé nous est arrivé.

Nous pouvons nous mettre à l'écoute de ces éléments très anciens et instinctifs de notre personne. Cela ne nécessite aucune particularité, il faut simplement faire attention. Nous avons tous un cerveau reptilien, et si nous nous mettons à son écoute, notre champ de perception augmentera. Cette percèption plus vaste ne se limite pas au niveau émotionnel : « Est-ce que j'aime cette personne » ou « Est-ce que je n'aime pas cette personne » – mais aussi : « L'hiver sera-t-il froid, y aura-t-il des épidémies ? » Nous ne prêtons pas vraiment attention à de réels dangers possibles parce que nous nous en croyons séparés. Nous sommes prisonniers de notre corps émotionnel qui demande : « Ai-je l'air bien ? Suis-je aussi bien que toi ? » au lieu de contacter notre propre fréquence intérieure. Il nous faut utiliser toutes ces fréquences, tous ces aspects de la communication télépathique. Nous devons les consulter en permanence. Nous ne voyons pas l'aura des autres parce que nous ne pensons pas y avoir accès. Or les champs auriques des autres nous en disent long sur eux. Nous devons simplement élargir notre conscience pour y accéder, utiliser nos potentialités. Notre corps est précieux : il contient, de manière innée, tous les aspects de la communication télépathique utiles. Nous devons arrêter de le juger et de le punir, de l'affamer ou de le maltraiter pour la recherche de la perfection. Ne disons plus « Je ne peux pas ressentir la joic, je ne connais pas l'extase ». La joie et l'extase appartiennent en vérité à notre potentiel encore non utilisé.

La conscience définit notre réalité mais nous sommes drogués de tristesse. Nous pouvons apprendre à nous voir de manière plus large, au-delà de cette petite réalité étriquée. Nous pouvons modifier notre perception en comprenant le corps émotionnel. Comment ? En nous déplaçant vers l'endroit où il réside, c'est-à-dire dans la tristesse. Il vit dans ce gros intestin, se détériorant sous l'action de la tristesse. Détournez simplement son attention et son intention, et donnez-lui une autre pâture. Apprenez à voir dans quels domaines vous vous contentez de survivre, quel est le registre de votre réalité ; quels sont la substance et le contenu de votre mécanisme de survie. À l'Institut, au lieu de les entraîner vers un endroit brumeux de non-connaissance ou d'incapacité à se percevoir, nous donnons aux gens un nouveau registre de nourriture. Nous les aidons à attirer le corps spirituel afin que le corps émotionnel reçoive une nouvelle énergie. Au lieu de se raccrocher à la tristesse, le corps émotionnel découvre l'extase. Puis, dès que nous nous connaissons, que nous établissons des relations avec nous-mêmes, notre rapport au monde extérieur est complètement transformé.

Les gens identifient leurs problèmes à la période de l'enfance, à la nature de leurs relations avec leur mère ou leur partenaire. Ils ne regardent pas encore vers la source d'énergie. Ils ne voient que la partie émergée de l'iceberg. La totalité de leur identification émotionnelle est engagée par leur partenaire, leur enfant ou leur mère. Dès qu'ils se libèrent de cette identification, ils entrent en contact avec eux-mêmes. Puis ils approfondissent et finissent par se rendre compte que tous les autres ne sont qu'eux-mêmes, ce qui crée un réel changement énergétique. Notre mental fini ne peut concevoir que nous ne sommes qu'une seule et même énergie. Alors nous restons ici-bas avec notre expérience de la séparation les uns d'avec les autres. La véritable colère et cette expérience de la séparation proviennent de notre séparation d'avec notre je interne, de notre je divin.

Alors nous nous contentons de jouer le jeu avec les autres. Il est primordial de noter que le seul endroit où nous sommes capables de reconnaître notre unité est dans le corps émotionnel, parce qu'il contrôle nos pensées. Il nous aidera à rationaliser toute pensée tournant autour de ce qu'il considère comme réel. La clé de toute conscience est d'accélérer le corps émotionnel. Il est précieux de savoir qu'il est doté de la conscience, parce que alors nous savons qui contrôle nos expériences, qui contrôle nos choix. Autrement, nous sommes sans cesse à la merci de nos sentiments, ou de tout ce que nous attirons à nous. C'est comme ça : le corps émotionnel contrôle le corps mental, les sentiments contrôlent nos pensées.

Physiologiquement, les glandes du plexus solaire déclenchent le système nerveux sympathique. Elles définissent ce que nous percevons au niveau du cerveau, toutes les émotions extérieures composant l'écorce du corps émotionnel. Cela change la composition chimique du sang dans le cerveau, qui contrôle notre réaction. Tel est le mécanisme qui contrôle le jugement et la droiture. C'est le corps émotionnel qui évalue : « Suis-je aussi bien qu'untel ? Unetelle est-elle plus forte que moi ? » Il prend des décisions au sujet des autres, énergétiquement sur ce registre, et il envoie cette décision au cerveau. S'ensuivent le jugement, la compréhension rationnelle, le tout contrôlé par les glandes du plexus solaire. Tant que nous n'aurons pas saisi ce processus et accédé au corps émotionnel, le contrôle du plexus solaire prédominera. Habituellement, le corps émotionnel nous apparaît lorsque nous commençons à rentrer en nous-mêmes. S'établissent ensuite des relations avec le corps émotionnel qui engendrent un véritable changement. En pénétrant à l'intérieur, nous lui apportons une nouvelle énergie.

À l'Institut, nous sommes en mesure de nous fondre avec le je supérieur de la personne, ce qui nous aide à poser les bonnes questions ou à les toucher au bon endroit et au bon moment. Mais eux seuls peuvent opérer le changement. La raison pour laquelle nos hôtes deviennent de plus en plus transparents plutôt que de plus en plus denses, c'est que nous leur ouvrons simplement la porte qui leur permet d'avoir accès, par l'entonnoir de l'initiation, à leur propre connaissance intérieure. Le travail leur incombe entièrement : nous ne faisons que les aider à établir, pour la première fois dans leur vie d'adulte, une relation avec eux-mêmes.

Dans notre travail, nous utilisons notre amour et notre clairvoyance. Nous fabriquons un environnement énergétique pour empêcher les gens de résister à la connaissance de leur je supérieur. Nous voulons les aider à trouver la forme-pensée dont ils ont besoin à un moment précis, ce qui peut aller à l'encontre de ce qu'ils pensaient faire. Notre hôte peut venir et dire : « J'ai des problèmes dans mes relations avec telle personne, je voudrais savoir pourquoi. » Durant les cinq premières sessions, l'hôte n'avancera pas. Il aura projeté une telle énergie sur la personne en question que nous, en tant que guides, ne pouvons aller vers lui et entrer en contact avec ce qu'il renferme. Nous canalisons l'énergie universelle dans le but de créer un environnement permettant aux gens de déclencher l'initiation.

Il ne se produit jamais de transfert d'énergie d'une personne sur l'un d'entre nous. Si quelqu'un nous dit : « Merci de m'avoir sauvé la vie », nous disons : « Merci d'avoir si bien travaillé pour vous-même. » À chaque instant, nous le renvoyons à lui-même. Les gens s'imaginent qu'ils ne peuvent se trouver eux-mêmes tant qu'ils ne sont pas appréciés, évalués, qualifiés par quelqu'un d'extérieur. Ils sont surpris lorsque cela ne vient pas de l'extérieur. Nous les emmenons à un niveau plus profond où ils ne sont jamais allés, où ils peuvent entrer en contact avec leur je supérieur, entamer une relation avec « lui » sans avoir recours à nous. Notre travail consiste à leur redonner leur propre force. Si nous ne réussissons pas à nous retirer, nous avons échoué. Nous libérons les gens en les aidant à guérir de leur entrée originelle dans la matière, qui les a séparés de Dieu. La seule énergie qui leur soit nécessaire pour établir le contact et travailler, c'est leur je supérieur, leur âme propre.

Nous ne sommes que des poteaux indicateurs, présents pour dire : « Vérifiez telle chose par là. » Les gens doivent faire le travail eux-mêmes. Notre rôle n'est pas d'interférer avec le karma, mais simplement de les éveiller à reconnaître leurs propres choix. « Vous régnez en Seigneur du karma dans votre propre cycle, vous décidez de tout. » Nous leur permettons simplement de le voir de manière holographique, à travers leur être tout entier, pour qu'ils puissent accéder à tous les registres, pour que leur connaissance soit si profonde qu'ils n'en manquent plus jamais. Si vous savez quelque chose dans votre corps émotionnel et que votre corps mental objecte : « Oui, mais cela ne marchera pas dans ce monde », vous vous plierez à cette conclusion. Vous vous couperez de vos émotions pour satisfaire les décisions de votre mental, pour votre survie. En tant qu'espèce, nous devons quitter le niveau de la survie et passer à un niveau plus créatif où nous abandonnerons la peur et nous en trouverons débarrassés.

Nous enseignons à nos hôtes à diriger leur champ

aurique pour qu'ils prennent des initiatives et qu'ils choisissent notamment d'avoir la santé. Ils doivent la créer dans leur propre corps émotionnel. Toutes les possessions, toutes les formes-pensées, toutes les énergies négatives, qui dépendent de la peur, de la colère ou du jugement pour survivre, ne sont pas capables de s'abandonner à des affirmations telles que « Je suis un enfant de Dieu » ou « Je suis une bonne personne ». Les affirmations seules ne suffisent pas car elles se limitent au mental ; ce qui n'est le cas ni des possessions ni des formes-pensées. Nous proposons au corps émotionnel un nouveau régime. Sans le détruire, sans lui faire peur, sans rien lui retirer, notre hôte apprend simplement à lui donner quelque chose de naturel, qu'il préfère. Dès que quelqu'un change sa position pour laisser entrer l'énergie spirituelle, la négativité fond.

À ce niveau, la manière de travailler avec cette nouvelle énergie repose sur la visualisation. Le je supérieur sert de véhicule à la multidimensionnalité, et la visualisation ouvre la voie à d'autres dimensions. Elle sert d'outil, ce n'est pas elle qui contacte l'énergie car la visualisation vient du mental. Lorsque la conscience commence à visualiser, la loi cosmique prend le relais. Son rôle ne consiste ni à résister, ni à définir, ni à créer, elle ne fait rien : elle permet simplement à la connaissance cosmique d'entrer, et c'est cela qu'elle crée. Nous reconnaissons la visualisation grâce aux outils du mental mais elle n'est autorisée à manifester notre je supérieur dans notre vie que par la conscience.

À partir d'un certain stade, vous dépassez la visualisation. C'est un outil très utile pour passer un seuil. Plus on permet l'élargissement, la créativité, plus le corps sait comment agir. Tant que nous pouvons nous placer dans un endroit où la sagesse est permise, où le corps peut bouger, nous diffusons la loi cosmique. Toute vie tend vers la perfection. Toute vie évolue vers la santé, la plénitude, la globalité et la divinité. *La contrainte est une illusion.*

## 4

# ÔTER LE VOILE

**Les expériences des vies antérieures sont des océans de vibrations, d'énergie vivante, qui continuent à circuler en nous.**

Voyager dans le domaine que nous appelons vies antérieures revient simplement à enlever le voile, à approfondir le lien avec l'inconscient, avec les forces intérieures, avec les points d'expérience intérieure, à travers lesquels l'âme est passée pour comprendre notre pouvoir de lumière, de création, de mort.

Au Light Institute, nous préparons les gens à pénétrer dans cet endroit profond en leur permettant de reconnaître que leurs vies antérieures sont des océans de vibrations, d'énergie vivante, qui continuent à circuler dans leurs véhicules physique et émotionnel. Ils peuvent puiser dans cette énergie pour entrer en contact immédiat avec leur je supérieur, avec le grand plan de leur vie actuelle. C'est le but du travail sur les vies antérieures. Il sert à élargir la compréhension que l'ego a de lui-même. Ce faisant, nous commençons à gratter les incrustations de formes-pensées, de préjugés et de jugements qui nous enferment dans des modèles de comportement. Ces modèles nous éloignent souvent de l'illumination, en laissant le corps émotionnel poursuivre ses expériences au lieu de les abandonner et d'en tirer un enseignement.

J'ai remarqué que l'humanité n'a rien appris de l'Histoire. À certains égards, nous n'avons rien appris, simplement parce que l'impression de notre propre histoire est si intense que le corps émotionnel la reprend et la répète indéfiniment en cercles concentriques toujours plus larges, comme des variations sur un même thème. Lorsque nous préparons les gens à revivre des expériences de vies antérieures, à se percevoir eux-mêmes de manière plus large, nous désirons leur faire comprendre qu'en se voyant ainsi, ils ne font qu'élargir ce qu'ils sont.

L'exploration des vies antérieures sert de véhicule pour pénétrer dans cette partie de nous-mêmes où nous nous livrons à des expériences normalement impossibles dans notre vie actuelle. Nous découvrons, très souvent, une zone impressionnante – lumière et obscurité – qui déborde de pulsions sexuelles, de murmures des *chakras* inférieurs. C'est le « Qui suis-je ? » dans le sens « Il se peut que je ne sois pas une bonne personne ». Cette zone correspond à l'endroit où le corps émotionnel juge de sa valeur : la zone des jugements et de la culpabilité. Ce sont comme de petites lueurs qui restent en nous. Et elles y restent car, bien que n'ayant ni nom, ni temporalité, ni visage, elles vivent avec une telle virulence que nous dépensons une énergie considérable à les repousser vers notre inconscient. Et ce dans le but d'éviter que l'une d'elles ne remonte pour reprendre du service. Cette partie de nous n'ose pas crier, de peur que nous ne perdions le contrôle.

Nous débutons l'exploration de nos vies antérieures en parlant de l'innommable. En abordant l'innommable avec une certaine légèreté, il devient plus facile d'accepter que nous possédons tous cette énergie, qu'elle fait partie intégrante de notre existence. Cette partie de nous-mêmes dirige nos choix et nos besoins, limite notre attirance vers l'aventure, notre curiosité. Nous devons aider les gens à comprendre que s'ils approchent de l'innommable, ils arriveront en fait à un tournant où ils pourront entrer en contact avec le niveau de l'âme.

Voilà ce qui se produit. Si nous pénétrons dans le domaine où nous retenons la culpabilité, le jugement ou la peur, nous sommes libérés et pouvons alors voir l'hologramme de ce choix. Pas à partir de notre positionnalité – pulsions, passion, émotion, histoire – qui nous a amenés à cette expérience, mais depuis la sagesse de l'âme non manifeste qui souffle : « Vas-y, vas-y, fais l'expérience de tuer un autre être ! » Par ce meurtre, l'âme commencera à comprendre la loi de la permissivité, à reconnaître que la victime et le bourreau ne font qu'un, qu'il n'existe aucune séparation en nous. Si nous faisons l'expérience du meurtre dans une vie antérieure, quelque chose s'active dans notre corps. Il répond à l'appel et nous découvrons que cette expérience fait partie de nous.

En tentant de nous séparer si violemment de quelqu'un par le meurtre, nous nous chargeons du fardeau de son âme, vie après vie. Il est capital de comprendre ces lois pour devenir une puissance créatrice. Lorsque nous entrons directement dans une expérience que nous avons longtemps retenue, nous sommes capables d'ôter le voile et de nous confronter à l'innommable. Puis, grâce à l'énergie astrale, nous nous introduisons dans la conscience de la personne de cette époque, et nous décrivons l'expérience dans la perspective et à travers la conscience de notre victime. En retournant dans cette positionnalité antérieure, nous effaçons immédiatement la notion de culpabilité.

Auparavant, nous avions choisi cette option parce que nous y étions obligés, c'était le choix proposé. Mais lorsque nous revenons sur ce scénario et le jouons à nouveau avec la positionnalité de cette conscience, nous avons la possibilité d'éliminer la culpabilité. Dès que nous commençons à rejouer avec la positionnalité de cette conscience, nous fusionnons automatiquement avec l'âme, nous revenons au plan de vie tel qu'il nous a été proposé au départ par notre propre âme. Nous pouvons nous libérer du jugement, de la limitation et de la positionnalité de notre corps émotionnel, hérités du corps qui a accompli l'action dans le passé. Nous réalisons une expérience très profonde en découvrant que nous sommes l'acteur ou l'actrice d'un acte que notre conscience actuelle considère comme innommable ou inadmissible. C'est une libération automatique de la culpabilité, un allègement immédiat du voyage de l'âme, lui permettant ainsi de faire un bond prodigieux.

En nous apprêtant à approfondir l'accès aux informations des vies antérieures, nous nous préparons à appréhender l'innommable. En accédant à cette positionnalité et en observant à partir de là – avec les choix offerts à l'époque dans la situation donnée –, nous saurons reconnaître la ficelle à tirer, l'autocollant, la relation entre les deux acteurs. Nous comprendrons que le bourreau d'un scénario deviendra la victime du suivant. En observant cette danse, en reconnaissant que nous pouvons la pratiquer à partir de toutes les facettes de l'hologramme, nous nous en détachons. Nous approfondissons notre capacité à recevoir, à accepter notre personne. C'est une expérience très forte que de pouvoir s'appréhender soi-même avec une compréhension libérée du jugement et des empreintes de ces expériences.

Le scénario que nous nommons « vie antérieure » représente un véhicule pour atteindre notre propre je, notre propre savoir, pour observer des expériences de vie et de mort, de joie et d'amour, de peur et de colère, afin de les effacer de notre corps émotionnel. Ce dernier pourra alors accélérer, contenir la fréquence du divin, aux plus hauts registres de l'énergie, de l'extase et de l'enchantement.

Personne n'expérimente jamais un scénario de vie antérieure qui ne soit encore actif dans notre existence présente. Notre corps émotionnel décrit des thèmes, des sujets avec lesquels nous continuons à vivre, qui appartiennent toujours à notre répertoire et dirigent nos choix actuels. Puisque notre mental linéaire fonctionne dans le temps, nous percevons les scénarios de cette manière. Nous voyons le Moyen Âge, les autres planètes, les hommes des cavernes ou d'autres époques historiques et nous appelons tout cela « le passé ». Mais l'énergie de ces visions ne réside absolument pas dans le passé : elle fait partie de notre répertoire actuel.

Afin de vérifier cela, nous rejouons presque toujours le même scénario avec les mêmes âmes. Lorsque nous nous retrouvons et passons un accord pour une expérience commune, nous préparons la pièce. L'aboutissement de cette pièce crée toujours, dans le corps émotionnel, une énergie profondément attirante l'incitant à la rejouer indéfiniment avec la même énergie, avec le même être.

C'est ainsi que nous constituons et perpétuons une troupe karmique d'acteurs personnels qui peuvent même contenir l'énergie globale. Toutes les âmes, présentes sur cette planète à cette époque, appartiennent au même répertoire collectif et travaillent sur les mêmes thèmes. Elles s'incarneront ensemble pour extraire l'essence ou l'énergie de ces thèmes, pour créer la réalité à partir de cette essence et en faire l'expérience.

Il n'est pas rare qu'un hôte arrive avec une forme-pensée ainsi formulée : « Je veux savoir ce qui cloche dans ma vie mais je ne crois pas à la réincarnation. » Ce scepticisme peut venir du mental ou être lié à la religion, mais l'énergétique de cette personne détient le savoir et crée un désir de se connaître. À l'Institut, nous laissons de côté ce que pense le mental : il pense sous l'influence du corps émotionnel, du corps physique et du code moléculaire transmis de vie en vie.

Peu importe que ces scénarios soient considérés comme de véritables vies antérieures ou comme des produits de l'imagination, car la source de l'imagination vient de notre propre murmure intérieur. Toute information provenant de la réalité extérieure n'est que le reflet dansant du miroir oscillant d'avant en arrière. Si nous lisons un livre et qu'une expérience nous touche, c'est que nous y avons un lien quelconque et que notre je supérieur nous donne un coup de coude en disant : « Tu as senti cela ? » Si nous réagissons, c'est que nous avons déjà ressenti cela auparavant. C'est comme un tourbillon, une spirale s'élargissant à l'infini. C'est un circuit fermé. Ce que le corps émotionnel veut expérimenter est toujours vrai pour lui. En jouant le scénario à sa manière, il s'en libérera.

Lorsque les gens vivent le synchronisme de l'expérience dans les limites du scénario qu'ils dévoilent, ils reconnaissent qu'il est vrai. Cela nous amène à un point important sur la manière dont nous, membres de l'Institut, participons au scénario. Nous comprenons très clairement que le langage de l'inconscient passe par des symboles, des images. Si, par exemple, un hôte passe une session entière à s'attarder sur l'environnement, l'ameublement d'une maison ou des plans, cette capacité à unifier une image contient la totalité du rêve. D'autres pourront retourner dans une vie antérieure, la revivre entièrement du début à la fin, dans tous ses détails. Certains ne dépasseront pas l'aspect matériel comme l'époque ou les particularités du décor. Certaines personnes ont besoin du support du décor, d'autres revivent l'expérience des vies antérieures par les émotions, d'autres encore les entendent ou les voient comme au cinéma.

La façon dont elles vivent l'expérience ou la traversent n'a aucune importance car chaque particule qui se fond dans la conscience est reliée, comme un fil, à l'inconscient informe et tourbillonnant, contenant la totalité de cette expérience. Si elles amènent à la surface une infime particule de cet inconscient, elles vont opérer un irrévocable mouvement vers cette masse invisible qui les mettra sur le chemin de la libération. C'est la spirale montante qui aspirera l'énergie de cette expérience.

À l'Institut, nous accordons une grande importance à la compréhension de ce principe. Cela nous permet d'apporter un soutien personnalisé et complet à ceux qui évoluent dans ces registres, car chacun évolue à sa manière. Certaines personnes passeront tout leur temps à énoncer chaque petit détail sans parvenir jamais à une conclusion. Peu importe. Nous leur enseignons à cueillir quelque chose de façon holographique, à permettre à cet élément de former son propre cercle, à le boucler lui-même. Si nous demeurons trop linéaires en faisant resurgir une vie antérieure, nous risquons d'empêcher quelqu'un d'obtenir ce dont il a besoin. La personne n'a qu'à cueillir ce qu'il lui faut et le transporter dans son hologramme.

Souvent, lorsqu'une personne descend trop profondément dans le répertoire de son corps émotionnel, elle fait ce qu'on pourrait appeler du « kaléidoscopage » : des images vont clignoter sur l'écran. Quelqu'un verra un Indien puis un éléphant, puis le sommet d'une montagne. Dans ce cas, l'être inférieur de cette personne désire tellement voir défiler tous ses répertoires qu'il ne peut les dissocier tant ils sont fondus. Si nous parvenons à ralentir le mouvement et à permettre à chaque image de faire remonter son histoire entière, nous découvrons que chacune d'elles (l'éléphant, le sommet, etc.) correspond à une vie dans laquelle la personne a vécu un thème particulier. On apprendra, par exemple, que l'Indien apprenait la même chose que ce qui avait été expérimenté dans l'énergie ou l'environnement de l'éléphant. Il est donc tout à fait positif qu'une personne « kaléidoscope » ainsi car elle ne fait que se déplacer dans le cercle de son hologramme, en le palpant pour la première fois. Pour le système nerveux, c'est une expérience tout à fait excitante d'entrer en contact avec des fréquences enfouies depuis si longtemps dans les codes génétiques. La personne n'a simplement jamais appris jusqu'à ce jour à y porter son attention et à les retenir.

A l'Institut, nous offrons aux gens le plus merveilleux des cadeaux : ils apprennent à maintenir leur attention tout en laissant cours à leur émotion. Dans l'univers, l'énergie est en mouvement constant, en pulsation permanente, alors il faut apprendre la libre association. Au fur et à mesure que nous avançons, nous verrons comment ce flash d'une époque est intimement lié à celui d'une autre période. Au début, nous laissons les gens « kaléidoscoper », tout en sachant qu'ils le font peut-être pour éviter d'affronter les éléments de telle ou telle vie. Ils ont un sens de l'innommable, un sens du danger émanant de leur ego et qui les avertit : « Mieux vaut ne pas s'aventurer là-dedans. » Car leur ego se souvient de ce qui est arrivé lors de son dernier passage – il a perdu la vie ou a vécu une expérience pénible. L'ego ne lâchera donc pas prise car l'empreinte reste trop profonde.

Ce procédé permet en fait aux gens de tendre vers cette énergie et jamais nous ne les découragerons en leur faisant entendre qu'ils sont bloqués ou qu'ils n'y arriveront pas. Ils doivent comprendre que chaque image provenant de leur inconscient, tel un magnifique cadeau, les libère et leur permet de s'approcher de plus en plus du moment où ils pourront percevoir l'ensemble d'un scénario. S'ils y parviennent dans leur travail sur les vies antérieures, ils réussiront dans leur existence actuelle. Alors, ils deviendront créateurs et manifesteront quelque chose de nouveau et d'unique.

Nous devons apprendre à maintenir le mental conscient de telle sorte qu'il puisse absorber toutes les variables. C'est ainsi que doit fonctionner notre cerveau si nous lui permettons de fonctionner dans sa multidimensionnalité naturelle. Nous n'avons pas encore appris à le faire. En conduisant les gens dans leurs vies antérieures, nous leur permettons non seulement de nettoyer leur corps émotionnel, mais aussi de faire évoluer leur âme. Nous leur offrons la possession, dans leur conscience, de toutes sortes d'informations provenant de registres différents et inaccessibles par d'autres voies. Leur mental extérieur enregistre de manière tout à fait linéaire ce qui s'est produit, ils intègrent les expériences, et opèrent des associations avec les événements de leur vie actuelle. Ils apprennent également à élargir leur conscience, à appréhender plusieurs registres simultanément. En fait, ils modifient la fréquence de leur cerveau. Si vous connectiez quelqu'un à une machine pendant son travail sur les vies antérieures, la machine enregistrerait cette fluctuation, cette descente dans des registres très profonds permettant à la conscience de se libérer de sa linéarité et d'évoluer.

Le je supérieur fait preuve d'une sagesse étonnante. Il saura emmener une personne dans les images, les sensations ou les souvenirs dont elle a besoin au moment donné. Il est important pour nous de reconnaître qu'il ne peut pas y avoir d'erreur et que tout ce que la personne reçoit fait partie du plan, du choix du je supérieur avec toute sa compréhension, ses connaissances et sa compassion. Le je supérieur souffle : « En examinant tel aspect de notre personne, nous pourrons faire tel et tel ajustement, nous décharger et aller plus loin. »

Il arrive que des hôtes éprouvent une certaine frustration en voyant une série de vies antérieures pendant lesquelles ils se sont contentés de naître, lutter et mourir ; ils étaient de pauvres gens, des êtres insignifiants, et il ne se passait rien. Au fur et à mesure qu'ils retrouvent ces vies-là, ils se rendent compte combien était important pour une âme le choix de l'expérience, de cette vie qui apparaît alors comme un moment marquant. Cela a pu être sur un plan horizontal, l'assimilation de choix plus traumatisants, plus dramatiques, dans cette dimension. En allant et venant entre différents degrés d'intensité dans leurs vies, les gens découvrent les thèmes qui y sont inscrits, les rapports entre elles, les relations qu'ils entretiennent avec d'autres êtres impliqués dans ces vies.

Si nous comprenons qu'ils ne choisissent que ce qu'ils désirent voir, que ce que leur je supérieur a prévu qu'ils découvrent, nous serons en mesure de gratter la surface et de les guider pour amener l'énergie à l'épanouissement. Alors, le corps émotionnel peut entrer en jeu, se retrouver et se libérer. Il n'y parviendra pas tant qu'il tournera autour du pot et ne se décidera pas. Les gens doivent comprendre pourquoi ils ont vécu toutes ces choses.

Le je supérieur divise généralement les sessions sur les vies antérieures en deux catégories. La première concerne les gens qui commencent par explorer leur mauvaise utilisation du pouvoir. Ils plongent directement dans des turbulences et des expériences physiques intenses qui leur donnent un profond sentiment de culpabilité ou les obligent à se juger. Ils pénètrent directement dans les aspects les plus dramatiques de ces expériences et se débarrassent d'abord de ces vies-là. Cela signifie qu'ils sont vraiment prêts à se pardonner, à abandonner leur positionnalité. Ils sont prêts à passer par un processus de mort car, en acceptant de regarder en face l'objet de leur jugement, une partie d'eux-mêmes meurt véritablement. Il en résultera une modification profonde de leur réalité actuelle, même vue depuis cette réalité tridimensionnelle. En sortant d'une session consacrée à leurs abus de pouvoir, ils sont bien plus capables de compassion et ont une vision totalement différente de leur place dans le monde.

Ces mêmes personnes peuvent, en arrivant, juger négativement leur réalité quotidienne et découvrir qu'elles ont très mal utilisé leur pouvoir. Quelque chose de merveilleux se produit alors. Tout à coup, même si elles sont responsables d'abus de pouvoir, elles se voient dans un scénario de pouvoir. Dès qu'elles se rendent compte que cet abus n'est pas fortuit, qu'elles ont choisi de mésuser du pouvoir en toute connaissance de cause, elles oublient ces abus. Ce pouvoir circule en elles à nouveau parce qu'elles ont élargi leur répertoire. Elles ne peuvent plus se raccrocher à un rôle de victime dans leur vie actuelle. Cela change immédiatement et irrévocablement leur vision du monde extérieur. En rentrant chez elles, elles commenceront à traiter leur famille de manière différente. Les membres de leur famille n'étaient auparavant que des acteurs dans leur film, et se contentaient de jouer le rôle prévu pour eux. Ils seront tous, dans une certaine mesure, libérés de ces rôles et traiteront les autres différemment.

La seconde catégorie concerne les gens qui ont vécu le rôle de « victimes » pendant leur première série de vies. Dès que nous les voyons s'accrocher fermement à leur expérience de victime, nous pouvons être sûrs qu'ils se sont inconsciemment engagés dans cette voie avec précipitation ! Ils vont alors jusqu'aux extrêmes pour s'en punir, ou pour éviter de s'en souvenir. Ils préfèrent rester des victimes plutôt que de se reconnaître bourreaux. Finalement, à force de revivre des « Je suis la victime, je suis la victime », l'énergie remonte en spirale jusqu'à ce qu'elle rencontre le rôle du bourreau.

La victime et le bourreau ne font qu'un et nous ne sommes pas obligés d'opter pour l'une ou l'autre de ces polarités. Nous devons plutôt nous libérer de l'emprise et des limites de ces rôles car ils ont été choisis librement et d'un commun accord par chacun des acteurs. Le seul fait de reconnaître cela, dans l'énergétique des différents corps, représente déjà une grande libération. Celui qui s'accroche vigoureusement à son rôle de victime aura besoin d'un soutien particulier, d'une grande patience, car il s'agit d'un ego très possessif sachant parfaitement se protéger de toute vérité qu'il ne veut pas reconnaître. Même si nous voyons très clairement où niche la vérité, il faut attendre parfois très longtemps. Cette personne doit intégrer puis relâcher, à son propre rythme – selon son je supérieur qui sait ce qui peut être absorbé et assimilé –, ce qu'elle est prête à savoir.

Le rôle du gentil n'est qu'une variation sur le thème de la victime. La plupart du temps, celui qui joue le gentil doit payer en restant en retrait. Cela revient à dire : « Je suis spécial, je suis différent, je ne fais pas partie de cette histoire. » Mais, en fait, ces personnes – le sauveur, le prêtre, le bon gars – cherchent toujours à masquer une profonde culpabilité. Il est très important qu'elles parviennent à le reconnaître car en se voyant dans un rôle de prêtre, elles découvrent le thème d'impuissance qu'il recèle : « Il faut que je sois spécial sinon je meurs. » Pas de survie possible. Il s'agit d'egos en état de peur permanente qui utilisent les traits d'un prêtre ou d'un bon gars comme un mécanisme de survie. Ces prêtres et sauveurs sont toujours empêtrés dans des rituels, dans des modèles de comportements qui les emprisonnent à un tel point qu'ils n'ont jamais à faire de choix. Ils refusent toute initiative car ils ont peur des choix qu'ils pourraient faire.

Il faut savoir que cette manière de se percevoir cache toujours une profonde souffrance. Le je supérieur, bienveillant, leur montre leur pouvoir, pour que, petit à petit, ils puissent l'exprimer. Ensuite, ils pourront briser la cristallisation du prêtre qui sommeille en eux. Puis l'essence de ce pouvoir remontera en eux et ils pourront enfin accéder à ce pouvoir dans leur vie tridimensionnelle. C'est ce que j'appelle un circuit fermé.

Puis le corps émotionnel commence à se défaire des stigmates de l'impuissance. C'est une autre manière de guérir la profonde souffrance que l'âme a subie. Nous ne voulons pas, en tant que guides, enlever le voile de quelqu'un. Simplement le laisser se percevoir ainsi, tel qu'il est, et, très délicatement, en restant toujours à l'écoute, trouver l'angle qui lui permette de découvrir son pouvoir et sa capacité à se libérer de cette souffrance.

L'une des merveilles que procure le travail sur les vies antérieures est la suivante : si, dans votre « film », vous voyez votre mère, votre amant, votre enfant, votre patron jouer le rôle du méchant ou du gentil, ceux-ci –

à un niveau intérieur – se retrouvent alors eux-mêmes libérés. Nous demandons toujours : « Qui est-ce ? Quelqu'un que tu as connu ou rencontré dans cette vie ? » Nous voulons le savoir, cela nous dégage de notre schéma comportemental avec les autres et nous pouvons cesser de rejouer toujours le même jeu. Dès que vous reconnaissez une personne, elle est délivrée et elle le sait. Ces personnages n'ont alors plus besoin d'être des pions dans votre vie, leur âme est affranchie. Cela peut provoquer des changements spectaculaires.

En général, les gens qui ont un rôle central dans votre existence vont soit changer d'attitude à votre égard, soit disparaître de votre vie. Beaucoup de gens ne souhaitent pas cette disparition, ils veulent que cela continue : pour eux, cela vaut mieux que rien.

Vous attirez la victime en vous, parce que c'est ce que vous voyez à l'extérieur. Comprenez bien que vous êtes déterminés par un karma. Si ce karma veut que vous soyez un travailleur social – disons dans votre ville, votre pays ou sur la terre –, il vous appartient de jouer ce rôle et vous le faites pour vous-même. Si vous saisissez bien cela – que vous le faites pour vous-même –, alors votre action aura un effet sur les autres. Par contre, si vous continuez dans le petit jeu « Voilà les bons, voilà les méchants, je vais arranger tout cela », vous resterez dans l'erreur.

La première leçon que doivent apprendre les guérisseurs est qu'ils n'ont aucun droit d'enlever la maladie ou la mort à quelqu'un. Ce n'est pas en leur pouvoir. Ils peuvent prêter l'énergie ou la perfection à cet être, mais ils laissent l'âme faire son choix. Ils ne font que prêter l'énergie nécessaire à un choix clair.

J'ai eu du mal à apprendre cette leçon. Lorsque j'étais au Salvador et que je tenais un bébé mourant dans mes bras, j'entendais une voix en moi qui disait : « Que fait Dieu, et où est la justice, comment est-ce possible ? Comment se fait-il que des enfants innocents meurent si souvent ici ? » C'est ce qui m'a incitée à commencer ce travail me permettant aujourd'hui d'affirmer du fond du cœur qu'il n'y a pas de victimes. Lorsque nous voyons l'hologramme karmique de quelqu'un, les annales *akas-*

*hiques* de son âme, nous sommes en mesure de comprendre pourquoi ce bébé a choisi de naître et de mourir. La seule chose à faire est d'honorer ce choix, de ne pas le détruire, de ne pas tenter aveuglément de le supprimer.

Il est primordial de comprendre la « sympathie ». Dans notre société, nous sommes éduqués pour paraître « sympathiques ». Mais c'est la plus destructrice des attitudes pour le corps émotionnel. Voyez la différence. Lorsque quelqu'un est malade ou qu'il lui arrive quelque chose de dramatique, et que vous dites : « C'est affreux, cela n'aurait pas dû t'arriver », vous déclenchez chez la personne la cristallisation du corps émotionnel, de sa perception d'elle-même. Ce qui l'incitera à penser : « Oui, je suis une victime et je n'ai que ce que je mérite. » Alors le corps émotionnel crée une énergétique qui s'accroche à cette interprétation des faits, qui amplifie la positionnalité de cette interprétation et empêche la personne de s'en défaire. Nous avons poussé la personne vers cette positionnalité. Si nous l'encourageons à se cristalliser de cette manière, elle a peu de chances de guérir. On avantage ainsi le bourreau qui doit beaucoup au corps émotionnel.

Plutôt que l'attitude sympathique, il faut adopter l'approche *empathique*. Il faut éviter la pitié et exprimer la compassion, arriver à dire : « Voilà ce que tu as choisi, et tu peux t'en sortir. » Nous sommes venus pour trouver des solutions, pour briser le cycle karmique en admettant ce genre de vérité. Si vous désirez aider les gens, aidez-les à comprendre qu'ils peuvent eux-mêmes changer quelque chose, qu'ils ne sont pas punis. Nous ne sommes pas condamnés à la punition. Perdre l'être aimé, être malade, mourir : ce ne sont pas des punitions mais des expériences qui doivent nous faire évoluer, c'est tout. C'est nous qui choisissons le film, et nous pouvons en changer le déroulement dès qu'il devient un peu trop dur. Les gens doivent comprendre qu'ils ne sont pas des victimes de quoi que ce soit.

Vous ne pouvez pas changer votre père, le gouvernement, les déchets nucléaires mais vous pouvez changer ce que cela représente pour vous. Demandez-vous : « Que puis-je apprendre là, qu'est-ce que cela peut m'apporter ? » C'est tout ce qui compte, pas pour la société, pas pour le monde, mais pour *vous*, parce que *vous* portez tout *en vous*.

Si vous adoptez cette façon de voir les choses, vous comprendrez ce que je veux dire par : « Je vais nettoyer cela, que puis-je en apprendre ? » Ainsi vous pourrez en tirer parti, vous pourrez comprendre la plus affreuse négativité, les parents qui vous disent « Tu ne mérites rien, tu n'es pas assez intelligent ». Vous profiterez d'eux. Cela ne veut pas dire accepter toute négativité mais simplement en tirer le meilleur parti pour évoluer. Sur cette terre, nous avons tous une espèce d'accoutumance à la négativité : c'est parce que notre corps émotionnel est encombré d'autocollants. Nous avons *appris* la négativité. Or il faut maintenant reconnaître que cette négativité n'est qu'un processus grâce auquel nous pouvons évoluer.

L'astuce consiste à comprendre que nous ne sommes pas des victimes. Admettons, par exemple, que quelque chose de dramatique se produise dans votre vie, que vous perdiez un être cher. Vous n'avez aucun contrôle sur cet événement et une partie de vous y résiste. Vous refusez que cela se produise, vous ne voulez pas changer. Si quelqu'un meurt, il laisse un trou dans votre film, vous ne pouvez pas le remplacer. Personne ne peut remplacer votre mère. Si votre père se remarie, sa seconde femme ne pourra jamais jouer le rôle de votre mère, même si elle a tous les gestes d'une mère. Elle n'aura pas la même énergie. Alors au lieu d'essayer de boucher un vide impossible à combler, il faut comprendre que nous pouvons nous abandonner à chacune de ces expériences, même considérées comme négatives, dangereuses ou autres.

Comme nous l'avons vu avec le plexus solaire, il faut déplacer votre énergie dans cette partie de votre corps en vous disant : « Que vais-je pouvoir créer à partir de cela ? » Si vous perdez votre emploi, trouvez-en un autre. On dit couramment : « Si une porte se ferme, une fenêtre s'ouvre. » En fait, celui qui ferme la porte, c'est votre je supérieur... pour votre évolution et votre bien-être.

Nous sommes bourrés d'habitudes. Vraiment ! Cela nous bloque et nous endort. Parfois, nous nous attardons peut-être à répéter le même thème pendant trop de vies. Un jour, vous le répéterez à nouveau et votre je supérieur vous remettra sur les rails : « Non, tu as oublié de progresser ici, tu as perdu cet aspect de l'hologramme. Je vais t'aider à le retrouver. » Alors vous déciderez de pratiquer ce que j'appelle la danse cosmique : chercher à comprendre, à assimiler le thème, pour votre bien-être supérieur.

Certains disent simplement : « Tu vois, je peux le trouver. » Mais peut-être n'êtes-vous pas censé trouver le thème. Lorsque vous commencez à écouter au fond de vous, vous n'avez aucune idée de ce que vous allez obtenir, alors tout effort est inutile. Tout l'attachement de l'ego à votre travail de recherche commence à se désintégrer. Vous commencez à y voir de plus en plus clair, à pouvoir faire des choix de plus en plus évidents parce que vous les faites avant tout pour vous-même. Votre je supérieur vous souffle : « Vas-y, ne t'endors pas en disant que tu es la victime, qu'il n'y a rien à faire et que tu détestes la situation. » Dites-vous plutôt : « Où cela me mène-t-il ? Dois-je changer de place ? »

Tant d'outils sont à notre disposition et nous ne les utilisons pas ! Si vous n'êtes pas heureux dans la ville que vous habitez, essayez de savoir si la fréquence de cet endroit vous convient. Peut-être devez-vous déménager. Allez-y. Vous ne pouvez jamais perdre qui que ce soit. Si quelqu'un meurt ou si vous choisissez de ne pas continuer à vivre avec une personne (ou vice versa), vous ne les perdrez pas pour autant. Ils feront toujours partie de vous parce qu'ils font partie du choix de votre âme. Il faut comprendre cela au lieu de pester parce que quelqu'un vous a quitté. Laissez-les partir. Laissez-les perdre la cristallisation de l'intensité du corps physique. Laissez-les aller dans leur essence, dans leur forme divine. Alors vous serez si proches qu'il n'y aura plus de séparation.

Nous devons comprendre ces voiles créés par nous à cause de la linéarité limitant notre conscience. Dès que nous commençons à lâcher prise, même sur de petits détails, en nous laissant guider par notre être intérieur, cela change la perspective de ce que nous avons choisi et la signification de notre vie. Fréquemment, nous nous accrochons à des choses qui nous sont néfastes. Non seulement pour nous mais pour notre entourage. Nous disons « Oh ! J'aime tellement ma mère, je ne supporte pas qu'elle soit partie ». En ce qui me concerne, ma mère est morte voici quelques années ; le jour de son décès, elle entra dans ma maison et l'illumina tout entière.

Nous sommes sur la planète du *chakra* du cœur. Ce n'est pas la seule planète, ce n'est pas le seul aspect de la réalité mais nous avons affaire ici au *chakra* du cœur. Nous devons donc faire descendre la connaissance qui reste coincée dans la gorge. Combien d'entre nous laissent parler leur cœur ? Qui a le courage de dire ce qu'il sait ? C'est parce que le jugement et le pharisaïsme nous barrent la route que ces énergies restent bloquées dans notre gorge.

Nous sommes profondément séduits (la séduction a une grande importance dans notre monde d'aujourd'hui) par l'idée de jouer le rôle du gentil. Nous sommes prêts à tout abandonner – pouvoir, réalité, etc. – pour nous faire passer pour le gentil. C'est de là que vient le pharisaïsme : d'un endroit bien loin dans l'inconscient, dans l'innommable, où nous reconnaissons la culpabilité. Et pour masquer cette culpabilité, nous devenons les gentils. Et puis nous nous félicitons : « Moi, je suis le gentil, pas le méchant. Le méchant, c'est lui là-bas. » C'est un truc pour survivre. C'est tout. Nous n'en avons pas besoin.

Le pharisaïsme est un truc pour survivre, tout comme la colère. La colère n'est qu'un mécanisme de défense qui, en fait, cache la peur. Regardez autour de vous ceux qui crient, qui piquent des colères. Essayez de les percevoir en dehors de votre corps émotionnel et vous palperez un être exquis mais plein de douleur, ayant simplement besoin de comprendre qu'il ne va pas être dévoré tout cru. C'est le mécanisme de défense qui se met en place.

Idem pour le jugement. Il n'est qu'un malentendu, une limitation de la conscience. Il va toujours de pair avec le pharisaïsme. C'est toujours l'attitude : « Je vais tout arranger. Je suis le gentil, et puis il y a le méchant. Il y a ceux-là qui doivent être jugés parce qu'ils ne font pas ce qu'il faut. » Je sais que ce concept est très difficile à admettre, mais les autres n'ont fait que ce que vous leur avez permis de faire. Il est impossible, d'un point de vue cosmique, que cela se soit produit autrement. Impossible. Dès que vous découvrez que vous avez vécu et trépassé, que vous êtes en train de vivre, que vous vous manifestez, vous n'avez plus besoin de ces mécanismes de défense.

Dans l'une de mes vies antérieures, j'étais prêtre égyptien. Je ris toujours lorsque les gens sont fiers en découvrant qu'ils ont vécu en Égypte ou en Atlantide car je tiens ces deux endroits pour des grands centres d'abus de pouvoir personnel. Dans ce cas particulier, j'étais un jeune prêtre, un jeune pharaon, très aimé de tous. Je possédais de nombreux dons, je conversais avec les animaux, comprenais les plantes. En tant qu'initié, j'avais apporté dans cette vie-là des tas d'informations et de connaissances. Depuis le début, je savais que j'allais être un grand pharaon destiné à mener des hommes à de nouveaux niveaux de compréhension.

J'étais extrêmement confiant alors qu'approchait le moment de mon initiation finale. Le professeur qui m'accompagnait depuis l'enfance était l'être le plus cher à mon cœur. Il m'avait tout appris, était toujours resté à mes côtés. J'étais émotionnellement très attaché à cet homme.

Juste avant l'initiation, on me peignit les yeux avec de la poudre de lapis-lazuli et de turquoise pour me protéger et guider ma « vision ». Je fus envoyé à la chambre d'initiation, et je franchis les différentes étapes jusqu'au dernier test crucial, le « choix de la voie ». Deux chemins s'offraient à moi, il fallait que je choisisse le bon. Je sus immédiatement en le voyant que le gauche était le bon. Au moment où je m'apprêtais à dire « C'est le gauche », je vis le visage de mon bien-aimé professeur qui me dit « C'est le chemin de droite ». Ce professeur était tout pour moi, ma seule référence, dans cette vie-là, à l'amour sur un plan émotionnel. Je fis totalement confiance à sa grande sagesse et dis sans hésiter « C'est la droite ». Résultat : la mort.

Vous savez ce que cela signifie ? Que vous devez choisir selon votre connaissance, même s'il n'y a personne près de vous pour vous dire la bonne réponse. Durant toute ma vie, mon professeur avait préparé cette manière de m'éliminer, parce que j'avais pour destin d'apporter une compréhension religieuse trop avancée pour l'époque. Je fus éliminé car on savait que j'allais me battre pour mon pouvoir. Le problème n'avait rien à voir avec mon amour pour ce professeur mais plutôt avec le fait que je le voyais comme un puits de sagesse, comme Dieu, au lieu de me voir moi-même. Je connaissais la réponse.

À la contemplation de cette vie, quelque chose s'est produit en moi, et j'ai cessé d'attacher de l'importance au jugement des autres ; que je sois ceci ou cela, que je sois diplômée ou non, que j'aie le pouvoir ou non. Je n'ai pas eu à essayer. Ce n'était pas un mécanisme de défense. J'ai simplement été arrêtée ; mon corps savait : il avait subi une mort peu agréable parce que j'avais négligé ma connaissance.

C'est ainsi que ce genre de travail peut vous aider. Lorsque vous voyez un thème et que vous reconnaissez la manière dont vous l'avez vécu dans une vie précédente, ou celle dont vous continuez à le rejouer, alors il cesse de vous hanter. Je n'ai pas eu besoin d'essayer : il s'est simplement arrêté et depuis je n'ai plus à le vivre. Je suis prête à me tromper, à me casser le nez mais je sais que, même si la réponse peut paraître mauvaise aux autres, elle m'enseignera à mieux connaître ma nature divine. J'accepte maintenant cette voie-là, de moi-même.

Je ne vous recommande pas de travailler seul sur des vies antérieures spécifiques pour la bonne raison que chaque vie crée une dynamique émotionnelle qui active quelque chose de palpable. C'est de l'énergie astrale que vous pouvez sentir. Vous pouvez tendre la main dans le champ aurique et la sentir. Elle a des autocollants. C'est vraiment le mot qui convient : c'est collant, ça a du poids, de la matière et de l'énergie. Croyez-moi, ça a de l'énergie ! Si vous entrez seul dans une vie antérieure, il se peut que vous rencontriez les côtés innommables de cette vie-là. Vous allez déclencher autour de vous une énergie astrale que vous risquez de ne pouvoir maîtriser. Pourquoi le feriez-vous par vous-même sinon pour économiser de l'argent ou pour éviter de dire à quelqu'un qui vous êtes ?

Selon la loi cosmique, tout ce qui sort revient, que ce soit l'argent, le pouvoir ou l'amour. Vous devez donner du lest pour recevoir. L'innommable répond à la même loi. Lorsque nous aurons fait suffisamment de nettoyage pour accepter de regarder chacun d'entre nous et pour admettre que nous nous reconnaissons les uns les autres, nous n'essaierons plus de nous cacher. Nous entrerons alors dans le nouvel âge. Vous n'allez pas rester là avec vos pensées négatives alors que vous savez que je peux vous voir réellement : vous allez bouger, accomplir les changements nécessaires. C'est de cela dont nous avons besoin. Chacun de nous doit explorer, élargir et accélérer, à tout moment, dans n'importe quelle direction, que ce soit par l'intermédiaire d'une religion, d'un guide ou grâce à une aide quelle qu'elle soit. C'est ce qu'il convient de faire, trouver qui vous êtes.

Les vies antérieures ne sont pas des domaines où l'on peut jouer tout seul, à cause de la dimension astrale. Celle-ci ne se situe pas dans le temps et l'espace : elle relève de l'espace simultané. Elle est avec vous pendant que vous lisez ce livre. Toutes vos vies antérieures surgissent à la surface, elles se collent partout. C'est comme cela que nous connaissons ceux que nous connaissons : nous les avons déjà vus. La dimension astrale est donc de l'énergie, elle est pleine de formes-pensées, d'entités, de fantômes et de toutes sortes de choses. Lorsque vous entrez dans la dimension astrale, vous vous exposez à toutes ces énergies, qu'elles soient des formes-pensées ou des entités astrales. Et elles sont là, réelles. Si vous entretenez une crainte ou une attirance particulière au sujet de quelque chose, il se peut que vous attiriez cette énergie. Vous allez la capter dans la dimension astrale pour la rapporter dans le temps et l'espace tridimensionnel et cela ne vous plaira pas. Il n'est pas vraiment recommandé de travailler seul dans ces champs énergétiques.

Ce n'est pas parce que toutes les vies antérieures sont terrifiantes ni parce que la dimension astrale est mauvaise ou qu'un monstre vous y guette. Les physiciens commencent à explorer cette hypothèse : il y a quelque chose de l'autre côté, appelé l'espace-temps négatif. Il existe quelque chose de l'autre côté de la réalité.

Travaillez sur vos vies antérieures, c'est merveilleux ! Faites-le pour deux raisons. La première, pour vous libérer de ce fardeau que vous traînez de vie en vie. Soulagez-vous-en. Vous n'y parviendrez que si vous le faites vous-même. Si quelqu'un lit pour vous dans vos vies antérieures, cela vous aidera peut-être sur le plan du comportement. Vous direz peut-être : « Voilà pourquoi je me sens ainsi vis-à-vis de ceci ou cela. » Cela vous aidera à un certain niveau. Mais vous ne pourrez pas vous libérer complètement de cette manière. Cela ne dépassera pas le niveau de votre corps mental, et vous émettrez un jugement. Vous direz « je déteste cette vie antérieure-là » ou « celle-ci me plaît beaucoup », ce qui montre bien que vous traînez toujours avec vous ces résidus et que vous restez prisonnier du même cycle. Vous devez vous en débarrasser, même s'il s'agit d'une vie antérieure très réussie. Vous devez la dématérialiser pour qu'elle reprenne sa forme essentielle, pour que l'énergie arrive par ce corps physique et transforme ce que vous êtes dans ce monde et ce que vous pouvez accomplir.

Alors ne soyez pas mesquin ni austère. Allez de l'avant et trouvez quelqu'un qui vous aide à travailler sur vos vies antérieures, à nettoyer les énergies, les autocollants pour éloigner tout cela de votre corps qui commencera à vibrer comme un corps lumineux. Nous pouvons faire éclater nos limites et il est maintenant temps de le faire. Nous n'y parviendrons pas tant que nous nous cacherons.

Lorsque vous reverrez une vie antérieure, vous comprendrez la conscience que vous aviez à l'époque. Quoi que vous ayez fait, vous étiez d'accord pour le faire. Votre âme savait ce qui se passait et vous fournissait un plan à suivre. Quand vous retrouvez une vie antérieure, vous vous dites : « Alors j'ai fait ceci, cela », et un profond soulagement vous envahit parce que vous comprenez la conscience de l'être que vous étiez. Il avait une bonne raison d'agir ainsi. En reconnaissant cela, vous vous soulagez de la culpabilité, vous devenez libre.

Voici la seconde raison : lorsque nous explorons nos profondeurs, nous finissons par découvrir que nous correspondons au genre d'être que nous souhaitions devenir. Nous apprenons que nous étions des guérisseurs, des professeurs, des êtres talentueux, que nous étions dignes d'amour et aimants, capables de choisir des vies de pouvoir dans le grand cosmos. Notre cadre de référence pour la compassion et l'amour inconditionnel s'élargit.

*Le temps était venu de rentrer chez moi après avoir servi dans le Peace Corps. Cela faisait bien longtemps que je ne vivais plus aux États-Unis. Presque dix ans s'étaient écoulés et j'avais perdu le sens du mot « américain ». En Bolivie, les réalités quotidiennes étaient simples : la vie, la mort, la nourriture, les enfants. Mais le monde des diplomates attendait de moi que je brandisse la bannière de mon pays, que je promeuve et défende les intérêts américains. En fait, j'étais trop proche d'une existence rude et primaire pour conserver la moindre illusion de distinction entre des corps américains et des corps boliviens. La dernière étape était la même pour les uns comme pour les autres. À dire vrai, j'étais quelque peu gênée de mon incapacité évidente à expliquer ou justifier la politique et les valeurs sociales des États-Unis. Je savais que je devais retourner au « Pays de l'abondance ».*

*Je m'approchais de l'avion pour Miami, le cœur plein d'attentes. En pénétrant dans l'appareil, je balayai du regard les rangées de visages. La plupart des passagers étaient américains. J'aurais dû ressentir une grande joie mais je me sentis soudainement lourde et sans vie. J'examinai rapidement les champs d'énergie autour de moi, et mon corps entendit un signal d'alarme. Contrastant avec le ciel bleu que l'on apercevait dehors, une énergie dense et enfumée occupait l'avion. J'avais déjà rencontré cette énergie auparavant. Je commençai à observer mes compagnons de voyage de manière intense. La maladie, le cancer, la dépression, les drogues émanaient du champ aurique de tous ces gens. C'était donc cela que nous extériorisions dans la grande Amérique ? Je fus prise d'angoisse. Ils ressemblaient à des morts vivants.*

*C'était comme si chacun d'eux était enfermé dans un cocon. Ils ne se parlaient pas. Ils semblaient être sous sédatif. Lorsque je me promenai dans les allées, personne ne leva les yeux pour croiser mon regard. Nous voyagions ensemble. Même si nous pensions être des étrangers, nous étions liés les uns aux autres par cette carcasse métallique. Quel qu'ait été leur destin, c'était aussi le mien. Je sentis l'autocollant de cette demi-vie descendre sur moi comme un épais brouillard. Pas d'issue. Ces gens ne vivaient pas. Ils se contentaient d'exister à peine. Je me sentis condamnée à cette existence brumeuse. Je fus envahie d'un sentiment de profonde solitude.*

*Comme à la recherche d'une consolation, d'un signe me prouvant qu'il ne s'agissait que d'un mauvais rêve, je recommençai ma promenade dans les allées. C'est alors que je la vis. Je peux, avec le recul, dire qu'elle était blonde, avec des yeux bleus, qu'elle avait environ six ans, mais je ne remarquai rien de tout cela sur le moment. Ce qui me frappa, c'est son éclat. Elle était vivante, bien vivante ! Elle leva les yeux vers moi, nullement intimidée, sûre d'elle. Elle plongea en moi. Elle me vit complètement, je le compris. Je tremblais un peu au fond de moi, comme quand on a vécu un moment d'intense frayeur et qu'on se détend tout d'un coup. L'abandon cause un léger tremblement. Plusieurs fois pendant le vol, je devais passer et repasser devant elle. Nous nous parlâmes rien qu'avec les yeux et je sentais sa reconnaissance et sa compassion. Je sus que j'étais en présence d'un professeur, d'une âme très sage, d'une grande amie. Elle ne connaissait pas la peur.*

*J'avais oublié que j'avais le choix. Elle ne faisait pas partie des morts vivants et moi non plus. Elle n'avait pas à convaincre quiconque de ce qu'elle savait, moi non plus. Pourtant, il était évident qu'elle savait tout, et ses yeux souriants exprimaient la force de ce savoir.*

*Nous passâmes la douane à Miami et elle partit avec ses parents. Elle se retourna pour me lancer un dernier regard, comme pour dire : « N'oublie pas ! » J'étais arrivée chez moi, peut-être pour la toute première fois.*

## 5
## ÉLARGIR LE CHAMP DE PERCEPTION

**Les innocents n'existent pas, pas plus que les intouchables. Pas plus que « nous d'un côté et les autres de l'autre ». L'initiation consiste à élargir son champ de perception, dans le but de découvrir le sens divin de ce qui nous semble si hostile.**

L'aura des morts vivants provient du piège des réalités des basses énergies. Nos perceptions étant limitées à ces registres, elles sont la proie des dépendances et des autres attitudes qui entretiennent le piège et la croyance que nous sommes des êtres limités et imparfaits.

En vérité, nous attirons ces expériences vers nous – dépendances, déséquilibres, crises émotionnelles, problèmes physiques – car elles représentent une part importante des enseignements de notre âme. Si nous les comprenons ainsi, nous sommes aussi à même de les considérer comme une fabuleuse occasion de nous guérir, d'élargir notre conscience, de nous approcher de la réalité de notre perfection. Nous ne devons pas nous identifier à nos déséquilibres. Prendre du recul pour explorer leur origine et leur fonction dans l'hologramme construit par notre âme, nous permettra de trouver de l'humour dans le drame, de la lumière dans l'obscurité et, une fois dans la lumière, de dissoudre les déséquilibres. Au lieu de demeurer isolés et enfermés dans des réalités déformées, nous devons aller vers de plus hauts registres de perception, qui offrent non seulement un regard nouveau, mais aussi un environnement énergétique favorable à la guérison.

La Terre elle-même représente une grande source, un grand véhicule grâce auquel nous pouvons expérimenter l'énergie divine pure appelée *shakti*. La Terre constitue en fait une extension de notre organisme vivant et n'est en aucune manière séparée de nous. C'est un corps qui exhale des fréquences énergétiques palpables que nous pouvons employer pour notre propre alignement intérieur. La Terre possède des méridiens d'énergie semblables à ceux du corps sur lesquels travaillent les acupuncteurs. Tout autour du globe, il existe des endroits situés sur des vortex d'énergies, ou à l'intersection des méridiens. Ce sont des lieux reliés aux énergies telluriques, à celles des gens, ou à la Terre dans ses rapports avec l'univers. Les vortex, disséminés sur la planète, sont des lieux d'ancrage de l'énergie galactique et ont une grande importance pour notre conscience. Nous devrions les rechercher. Sur certains vortex la Terre envoie ou attire de l'énergie qui lui permet de s'aligner, de trouver l'équilibre, en elle-même et au sein des galaxies.

Si notre corps souffre de déséquilibre physique ou émotionnel, nous pouvons décider de vivre à certains endroits de la Terre générateurs d'ions négatifs : le simple fait de se trouver dans le voisinage de ces ions négatifs peut nous soulager. Citons les montagnes, les forêts, les torrents, les chutes d'eau et la mer. L'eau est un important conducteur d'énergie. Une simple immersion du corps dans l'eau peut le décharger de l'énergie statique qui affecte si souvent notre système nerveux et brouille nos perceptions. Il existe de magnifiques centres naturels de *shakti* d'où jaillissent des énergies puissantes et régénérantes. En s'asseyant au bord du Grand Canyon ou au pied d'un geyser dans le parc de Yosemite on peut s'oublier soi-même et appréhender la splendeur du monde. La Terre est couverte de ces points d'une force étonnante, dont certains sont encore isolés et d'autres occupés par des temples humains depuis la nuit des temps. Il arrive souvent qu'une civilisation construise son lieu de culte sur les ruines mêmes de celui de la civilisation précédente, à cause de l'énergie manifeste émanant de ces endroits.

Rien ne nous distingue des autres éléments de la Terre. Nous ne sommes pas séparés des marées qui vont et viennent, entraînées par la lune : l'eau de notre corps se déplace avec les marées. Nous faisons partie du grand tout. En arrivant dans un endroit à vortex, nous ressentons l'énergie. Nous pouvons l'utiliser pour déclencher la prise de conscience et connaître l'infini, sortir de notre mental fini, découvrir une énergie nourrissante et capable de nous amener à notre être multidimensionnel.

Pour nos vacances, nous devrions rechercher les endroits à vortex. Notre corps émotionnel se relâche au moment où nous pénétrons dans une fréquence plus élevée que la nôtre. Le corps émotionnel accélère la fréquence de ce vortex. À cet endroit précis, avec cette compréhension, nous nous exposons à notre multidimensionnalité qui, normalement, n'appartient pas à notre conscience. Il est primordial de comprendre que la Terre est une entité vivante qui vit tout ce que nous sommes. En fait il n'est pas absolument nécessaire de rechercher les vortex d'énergie puisque nous vivons en contact avec la Terre entière. Nous avons oublié cela. Nous n'avons même pas besoin d'entrer dans la dimension astrale – c'est là que nous allons lorsque nous sortons du corps – mais nous pouvons y projeter le fabuleux mental dont nous sommes tous pourvus, et y chercher une énergie qui nourrit. Nous ne sommes pas prisonniers de notre corps, du temps ou de l'espace. Pas plus que de la positionnalité de notre vie d'individu. Si nous avons besoin de l'énergie maternelle d'un vortex, nous n'avons qu'à nous arrêter, y entrer, la fixer, et accélérer avec sa fréquence. Au début, il se peut que nous ayons besoin de nous rappeler l'expérience de l'énergie du vortex dans un endroit particulier déjà visité ; et dès que nous reconnaissons la fréquence, nous la déclenchons. Cette technique de recherche de fréquences de lieux est également utilisée pour localiser les fréquences de temps, et par le mental holographique pour localiser les vies antérieures.

En travaillant sur les vies antérieures, nous comprendrons que la conscience se concentre sur les énergies produites par la libération de ces vies. C'est pour cela que nous accordons tant d'attention au nettoyage du champ aurique, pour que la personne ramène tous les corps dans un cadre plus léger, plus libre, plus fluide et plus souple.

Les énergies revêtent une importance particulière. Il ne faut pas que les gens entreprennent ce travail dans leur tête. Souvent, en pleine session, une personne sentira une douleur dans son corps physique ou se mettra soudainement à pleurer : ce qui était jusqu'alors enfermé se trouve brutalement libéré. Quelquefois, le je supérieur va aider la personne à fixer son attention, l'aider à saisir cette petite ficelle dans le tourbillon de l'inconscient en utilisant le corps physique. Le je supérieur parlera à la personne par l'intermédiaire du corps, c'est-à-dire que la personne pourra, par exemple, ressentir une violente douleur dans l'épaule gauche. En langage corporel, cela indique une difficulté d'expression. Le guide incitera la personne à explorer cette partie du corps et à voir quelles images y sont conservées. Quand ces images remonteront, le champ aurique commencera à onduler sous l'effet de la libération de ces souvenirs et le corps émotionnel se déchargera. Il se peut que la douleur se soit réfugiée là depuis vingt vies ou vingt ans et elle disparaît pour ne jamais revenir.

Parmi les milliers de personnes avec lesquelles j'ai travaillé, seulement une ou deux ont partagé le même espace. La plupart s'identifient durant un moment avec l'énergie de Christ, celle d'Hitler ou d'un autre ; mais en y pénétrant, au fur et à mesure qu'elle prend forme, elles ne vont s'identifier qu'en lisière de l'énergie. Elles vont commencer par se voir porter la croix et finiront par découvrir qu'elles étaient l'un des disciples. Elles se déplacent dans l'expérience tridimensionnelle car elles ne peuvent supporter l'intensité de l'expérience d'origine. C'est à cause de cette intensité que le corps émotionnel a créé tant de dépendances. Ce sont des mécanismes comportementaux qui maintiennent une fréquence vibratoire basse. Le point de rencontre avec le non-manifeste reste à une fréquence trop élevée pour nous, alors nous créons des dépendances pour garder des vibrations basses et en être distraits.

Il est important de comprendre une chose au sujet des personnages célèbres. Lorsque quelqu'un s'incarne avec un projet global, le but est de secouer la planète avec une expérience, un certain savoir ou une action, pour lesquels des milliers d'âmes se sont mises d'accord. Il arrive très souvent que l'âme qui porte le karma de ce travail appartienne à la conscience collective, et beaucoup d'âmes vont vouloir participer à la même expérience pour en profiter. Pourquoi est-ce que chaque âme devrait passer par cette expérience alors qu'une personne accepte d'en être chargée et qu'il s'agit d'une expérience à influence ou contenu global ? En fait des milliers d'âmes participent à la formulation de cet être, de ce corps. Nous avons un accès commun, nous sommes tous dans un corps ici. Nous utilisons tous le même véhicule, le même instrument. Tous. Nous possédons tous des cellules mâles et des cellules femelles, donc il n'existe pas de registre sur lequel nous ne puissions puiser dans un autre être. Dans un proche avenir, cela deviendra une pratique courante.

Dès que nous avancerons dans l'idée que nous sommes tous accessibles les uns aux autres, il n'y aura plus de guerres ni d'escroqueries. Elles n'existeront plus car elles seront inutiles. Nous nous sommes trop impliqués dans des corps émotionnels qui pensent : « Je dois être cette personnalité, c'est tout ce qui s'offre à moi. » Au fur et à mesure que nous aidons les gens à reconnaître leur constitution holographique, ils deviennent plus disponibles les uns pour les autres et sont plus enclins à connaître le tout. Ils n'éprouvent plus le besoin d'expérimenter la peur. Le corps émotionnel croit que si quelqu'un d'autre est en lui il ne survivra pas.

En découvrant les scénarios des vies antérieures, nous ouvrons la porte de la multidimension. Lorsque les gens comprennent qu'ils accèdent les uns aux autres comme à un seul être, ils font l'expérience de l'unité de l'être. Cela changera notre capacité à voir les champs auriques des autres et à piéger leur conscience. Le terme « vies antérieures » est inadéquat : nous n'utilisons ce terme que parce qu'il sert d'hameçon, c'est une ficelle que les gens peuvent tirer. Ils peuvent l'utiliser d'une manière linéaire. Cela représente une expérience de multidimension dans un format linéaire. Le mental fini n'a pas encore exercé son pouvoir de conscience ni élargi sa conscience, mais il peut facilement avoir accès à la multidimension grâce au véhicule des vies antérieures. Il peut s'y aventurer sans risquer de s'y perdre. Il peut « délinéariser » et être capable d'assimiler l'énergie qui s'y trouve.

Nous avons découvert la prédilection de certaines âmes pour certaines dimensions, alors si on vous appelle « une vieille âme », c'est que vous êtes resté longtemps dans une même dimension. Certaines âmes vont continuer à revenir plusieurs fois ici alors que d'autres préféreront retourner sur Saturne ou ailleurs. Lorsque des personnes commencent à clarifier leurs vies sur un plan terrestre, elles parviennent à un stade où elles se sont nettoyées de la plupart des thèmes et passent à d'autres niveaux. Elles commencent à travailler à des niveaux galactiques ou à traverser des dimensions. Le format change alors complètement. Ce qui est magnifique dans le scénario des vies antérieures c'est qu'il est très clair, linéaire et qu'il permet pourtant aux gens d'élargir leur conscience. Ce travail peut opérer un réel changement dans les niveaux de conscience des gens, dans la capacité de leur cerveau à découvrir ces informations, et les laisse se réorganiser.

Le travail sur les vies antérieures nous permet de réorganiser nos relations des uns aux autres. Au début, nous nous rappellerons les vies ayant un rapport avec nos thèmes les plus intimes puis, au fur et à mesure que nous avancerons, nous deviendrons moins personnels. Si une vie partagée avec quelqu'un a laissé des traces, si nous nous souvenons de l'autre dans ce contexte, une partie de nous restera dans cette vie-ci avec cet autre, dans son contexte. Nous arrivons alors à cet aspect intéressant au karma : comment nous voyons-nous les uns les autres ? C'est ainsi que deux personnes vont tomber amoureuses l'une de l'autre et que les gens diront : « Comment est-ce possible que ces deux-là soient ensemble, ils sont si différents ! » Mais observez leurs champs de perception et vous verrez combien ils sont impliqués l'un envers l'autre. Ils sont liés pour toujours, jusqu'à ce qu'ils fassent remonter cette vie antérieure et s'en libèrent. Cela permettra aux deux d'assimiler complètement ce qu'ils vivent ensemble, l'un pour l'autre, et de recréer les autres formes de relations qu'ils désirent. C'est de la création. Plus nous devenons conscients de notre capacité à faire cela, plus nos créations sont belles.

La création est continuelle, ininterrompue et, chaque fois que l'on crée quelque chose, cela déclenche une réaction dans l'univers. L'action et la réaction entretiennent une pulsation perpétuelle qui permet au courant de continuer pour l'éternité. Au sein de ce mouvement de l'éternelle pulsation, avec les changements et les créations (qui ont lieu partout), il y a un centre ; notre âme multidimensionnelle a un centre : c'est l'illumination. Par illumination j'entends notre capacité à recevoir, à voir la trame. De même que tout ce qui nous concerne est entrecroisé, au niveau de toutes ces réalités interdimensionnelles, le centre de la trame est multidimensionnel et intégral. Malheureusement, la seule partie de nous-mêmes que nous considérions à l'heure actuelle comme intégrale, c'est notre personnalité.

Une femme m'a dit un jour : « J'ai l'impression que c'est toujours la même personnalité qui revient dans chacune de mes vies, que je suis la même personne dans toutes mes vies. » J'ai dû l'aider à comprendre que ce qui ne changeait pas c'était son âme, pas sa personnalité. Elle commençait à palper la ficelle du « Je suis » de l'âme. C'est une question de fluidité de la conscience, de relation au tout. Nous y parviendrons en avançant dans nos expériences multidimensionnelles.

C'est comme lorsque, pour la première fois, nous tenons une fleur dans la main et que quelqu'un lance : « Nous allons essayer de devenir fleur. » Nous devenons la fleur, nous pénétrons dans la structure moléculaire d'une fleur. À chaque fois, nous nous approchons de plus en plus de la fusion. C'est une espèce de bouillonnement qu'on ne peut étouffer. L'âme est l'apprenti sorcier, le Dieu, le grand divin, en perpétuel mouvement. Cela n'a ni commencement ni fin. Impossible de contenir dans notre mental cette immensité sans limites. Tout ce que nous pouvons faire, c'est d'en élargir l'expérience, de s'approcher de plus en plus de la fusion et, ce faisant, de sentir le centre de plus en plus intensément.

C'est ce qui se produit au niveau de l'énergie sexuelle. Dès que la conscience s'ouvre à l'énergie extatique, elle tombe dans la matière car l'extase engendre la création. Nous nous souvenons de la fréquence de cette énergie dès que nous pouvons voir le point central entre le manifeste et le non-manifeste. C'est le chiffre huit. Aujourd'hui, nous commençons à peine à toucher la couche externe de ce point central. À l'instant même où nous adoptons cette conception, nous créons la matière. Plus nous aiderons les gens à élargir leur ego, à élargir leur conscience, plus ils pénétreront profondément dans le point central. Plus ils seront capables de capter et d'amener ce qui n'est pas manifeste dans ce qui l'est, plus ils s'habitueront à la fréquence. Dès qu'ils ont l'impression d'avoir capté un aspect de la force divine intérieure, ils peuvent immédiatement s'identifier avec elle.

Tous les comportements destructeurs sont liés à la peur. Lorsque nous prenons un corps, nous avons tendance à oublier notre je divin. Il se peut que, pour une vie, nous ayons planifié des expériences difficiles ou inconfortables, et nous les sentons arriver. Nous sommes tous conscients qu'elles vont arriver. Il n'y a rien dans l'avenir puisque le temps et l'espace ne sont qu'illusion. Nous percevons tous ce qu'il y a au-delà et nous allons le capter. Mais, par peur, nous nous cachons derrière le voile, pour éviter les leçons qui nous attendent au-delà. C'est une réaction du corps émotionnel à la peur.

Il existe d'autres modèles de réactions. La glande pinéale et la glande pituitaire, des glandes maîtresses situées dans le crâne, appartiennent au système endocrinien. Au niveau spirituel, ces glandes irradient d'immenses rayons dans l'atmosphère, dans les ondes cosmiques de nos liens avec les autres, dans l'univers.

Elles perçoivent et attirent de l'énergie et des informations. Comme des antennes, elles activent nos facultés de perception, télépathiques ou autres, appartenant à un haut niveau de conscience. Le rôle de ces glandes est de percevoir ce que nous pourrions appeler une dimension non linéraire. Malheureusement, cette capacité des glandes maîtresses à jouer le rôle de pont spirituel entre nos corps impose un lourd tribut au corps physique. Ces hautes fréquences utilisées par les glandes brûlent énormément d'énergie. C'est le *shakti* (force de vie) qui circule dans les *chakras* et fournit le lien énergétique. À son tour, le *shakti* siphonne d'importantes quantités de glycémie dans le sang pour maintenir ce niveau « exalté » d'énergie. Continuellement, le pancréas est mis à contribution, et s'ensuivent hypoglycémie ou autres déséquilibres liés au taux de glycémie. Ce scénario provoque des destructions au niveau du corps physique, et accroît, chez les personnes atteintes d'hypersensibilité ou de troubles psychopathologiques, les problèmes de poids. Les ravages émotionnels causés par les fluctuations du taux de glycémie sont encore plus destructeurs. Cette situation est accentuée par le fait que nous concentrons le passage des perceptions sur le plexus solaire qui est aussi le centre pancréatique du corps. Si nous pouvions élargir notre champ de perceptions pour qu'il incorpore la complexité de notre système à corps multiples, nous pourrions stabiliser l'intégrité énergétique, permettant ainsi une expansion automatique et sans contrainte de notre conscience.

La reconnaissance de cette dynamique de l'énergie explique la vague d'alcoolisme qui se répand aujourd'hui à travers le monde : le moyen le plus rapide d'apporter du sucre au cerveau, c'est l'alcool, qui change immédiatement la composition chimique du sang. Il est très révélateur d'étudier l'alcoolisme de ce point de vue.

L'une des caractéristiques principales des alcooliques est leur hypersensibilité. Ils n'ont pas bien réussi à fermer le voile, à conclure leur passage dans la multidimensionnalité. Le jugement, la colère, la haine sont trop intenses dans cette réalité et ils cherchent à les étouffer. Si nous les avions observés dès l'enfance, au niveau de leur sensibilité spirituelle et émotionnelle, nous aurions peut-être dépisté cet alcoolisme à l'état d'embryon psychologique, les empêchant ainsi de se réfugier derrière le voile astral. Nous devons apprendre à percevoir les enfants comme les êtres multidimensionnels qu'ils sont, et encourager leur spiritualité innée : c'est un cadeau de grande valeur et très important pour le monde. Le degré d'alcoolisme est proportionnel au degré d'inconscience d'une personne, et au refus de sa véritable identité multidimensionnelle et spirituelle.

Parfois notre identité nous donne une impression de profonde séparation ou d'aliénation vis-à-vis du monde extérieur. Cette sensation repose sur l'illusion suivante : si les autres pouvaient lire dans notre cœur et savoir qui nous sommes véritablement, ils ne nous choisiraient pas. Nous devons nous choisir nous-mêmes et, animés par cette force, vivre notre vie. Percer le secret du cœur de quelqu'un c'est comprendre que nous sommes semblables. Nous sommes tous des êtres spirituels. Mais le niveau d'attention où nous nous plaçons dépend du choix de chacun.

Nous avons été conditionnés à croire que les événements qui se produisent dans le monde n'ont aucun lien direct ou personnel avec nous, que notre réalité est distincte. Mais tout est lié, tout a un sens. Le sida et les radiations nous en disent long sur l'illusion de la séparation. Il est réconfortant de penser que le monde, comme notre vie, est compartimenté. C'est une erreur. Ce qui a commencé par de petits incidents isolés menace maintenant toute la planète. Voici venue l'occasion universelle de briser nos modèles habituels de réaction par la peur et l'immobilisation et de relever le défi de la coopération et de la recherche de solutions.

Si nous réagissons au sida et à la radioactivité d'un point de vue spirituel, nous transformerons le sens de la vie sur terre ! Laissez-moi vous expliquer. Tout d'abord, nous explorons notre âme pour trouver l'enseignement divin qui se cache derrière ces réalités. Commençons par le sida, en tant que message en rapport avec la spiritualité. Ainsi, nous découvrirons que limiter l'expression sexuelle aux seuls *chakras* inférieurs (particulièrement avec des partenaires multiples), sans avoir accès à notre *chakra* spirituel, *chakra* du cœur, nous expose à la maladie. Notre recherche du plaisir immédiat nous empêche de suivre cette leçon depuis des siècles : syphilis, herpès, chlamydiae, sida ! Ce dernier se manifeste par un message clair : l'intégrité des défenses du corps n'est pas suffisante pour assurer la survie. Ce qui peut être directement traduit ainsi : pas assez d'amour de soi ni de connaissance consciente de sa nature divine pour survivre.

Néanmoins, en ce qui concerne l'évolution universelle de la conscience, le sida est un merveilleux outil de guérison. À mon avis, nous sommes en train de passer dans l'entonnoir de la plus haute initiation, vers la transcendance, vers les registres de la cocréation. Lorsque nous aurons maîtrisé le mystère de la mort, nous pourrons participer au plan divin de l'univers. Nous sommes prêts ! À travers l'Histoire, l'homme a subi de nombreuses catastrophes naturelles qui ont décimé des populations entières : l'Atlantide, la peste, etc. Ce furent des passages rapides à travers le canal de la mort. En revanche, le sida est un retrait relativement lent de la force vitale. Considéré et utilisé d'un point de vue spirituel, on peut le voir plutôt comme un processus de renaissance. Il permet au temps d'explorer son sens caché, d'entamer le dialogue avec notre corps, de percevoir et de relâcher notre karma, de transcender la linéarité du mental. Il nous permet d'élargir notre conscience pour embrasser la vérité divine où résident l'amour profond et la compassion dont nous nous jugeons indignes dans cette dimension.

Profitons donc de cette initiation que nous offre la mort pour accéder à notre multidimensionnalité. Nous ne sommes pas réduits au seul corps, notre lumière ne s'éteint pas au moment où nous le quittons. Si nous apprenons à fixer notre conscience sur ce passage, et que nous nous exerçons à traverser le pont – sortir du corps et y rentrer –, non seulement nous perdrons notre peur de la mort, mais nous connaîtrons aussi la signification de la *grâce*.

En réalité nous ne sommes pas encore entrés dans l'ère

de la guérison. Nous sommes toujours bien empêtrés dans la prophétie que nous nous sommes créée. Dans le futur, le mot guérison prendra un tout autre sens. Il ne sera plus lié à cet étrange attachement que nous éprouvons pour l'inertie, par laquelle nous essayons de geler tout mouvement et de nous maintenir à un certain niveau, de peur de perdre le contrôle et d'évoluer. La guérison ne doit pas représenter un objectif extérieur. Elle doit aller plus loin. Un jour, elle correspondra à un véritable processus actif de transmutation, de transformation et de transcendance. Cela n'aura pas lieu tant que nous ne serons pas « ancrés dans le ciel », comme me l'a suggéré mon je supérieur. Ce qui signifie que nous amenions l'âme dans la réalité de notre corps terrestre. Alors nous dépasserons la mort et connaîtrons le choix. C'est pour bientôt.

J'implore ceux qui ont déjà contracté le sida dans cette première phase de son développement sur terre de devenir les meneurs de la recherche pour une solution à un niveau spirituel, pour transformer ce qui a commencé dans les ténèbres en un cadeau illuminé de conscience spirituelle – un enseignement précieux pour transformer notre vie. Le sida nous apportera cet enseignement et, tous ensemble, nous dépasserons la mort. Depuis que nous comprenons l'ADN, nous détenons la plupart des morceaux du puzzle de la vie et de la mort, mais nous ne sommes pas prêts, spirituellement, à en assumer la responsabilité. L'hologramme attend notre éveil. Nous y sommes presque !

Aujourd'hui, nous devons ensemble, en tant qu'âme globale, reconnaître cette Terre comme notre demeure et l'entraîner avec nous dans le voyage de l'évolution. Le fait que nous refusions d'admettre combien nous avons mal utilisé, détruit et méprisé le corps de notre Terre sacrée peut compromettre notre avenir. La radioactivité sera à l'initiation du corps de la terre, ce qu'est le sida pour celle de notre corps humain. Puisque nous n'écoutons pas les signaux d'alarme que la Terre nous lance, nos corps sont les premiers à signaler le danger. Dans les endroits du monde où la radioactivité fait rage, nous commençons à mesurer son pouvoir sur les corps humains : cancer de la peau, stérilité masculine, etc. Peu importe que les radiations proviennent de déchets radioactifs, d'accidents nucléaires ou de la déchirure de la couche d'ozone. Personne n'est innocent ni intouchable. Le « nous d'un côté et les autres de l'autre » n'existe pas. L'initiation consiste à élargir son champ de perception dans le but de découvrir le sens divin de ce qui nous semble si hostile.

La radiation est lumière. Nous entrons dans un processus d'évolution pour devenir des corps lumineux. Notre nature spirituelle est toute de lumière. Si nous reconnaissons la relation, nous pouvons assimiler cette énergie dans notre nature et accélérer notre fréquence jusqu'à remplir notre destinée et devenir de véritables êtres lumineux. Il faut considérer cette vérité comme un cadeau. Elle est comme un nouvel instrument de musique dont nous ne savons pas encore jouer. La technologie de notre cerveau fini et linéaire ne nous permet pas de nous débarrasser des radiations, parce qu'il s'agit d'un spectre d'environ 50 000 ans. Le mot *adapter* décrit parfaitement notre choix. Si nous apprenons à élargir notre champ de perception pour identifier la fréquence de radiation, nous pourrons faire exactement la même chose pour percevoir le je supérieur, c'est-à-dire accélérer notre propre fréquence pour communier avec les particules de force lumineuse.

Notre inconscient et notre résistance créent le danger. En apprenant à saisir l'énergie des radiations, nous pouvons renforcer notre accès au point de conception. Par l'intention divine, nous désintégrons les radiations et les renvoyons dans le non-manifeste. Tout comme une femme hopi qui fit apparaître la pluie, nous pouvons faire appel à ces mêmes lois universelles et nous fabriquer un monde merveilleux. Mais il faut tout d'abord laisser la beauté rayonner en nous.

Le corps représente, dans cette dimension, un véhicule pour la vérité. Il ne ment jamais. Il se fait l'écho de ce qui se passe dans l'esprit. Je me souviens d'un rabbin qui disait : « Tel esprit, tel corps », et je trouve cela très vrai. Le corps ne fait que refléter ce qui existe déjà. Au lieu de dire « Je ne suis pas pure si je suis malade », considérez cette maladie d'un point de vue de non-résistance et cherchez de quoi il retourne. Le travail sur les vies antérieures aide énormément. Que cela vous débarrasse ou non de la maladie, le fait de comprendre certaines choses suffit souvent à l'esprit pour s'en libérer.

Je vois souvent des gens qui ont eu beaucoup de pouvoir et ressentent une certaine culpabilité de l'avoir mal utilisé. Ils se retrouvent dans cette même dimension, vie après vie, avec différents degrés de peurs, de refus, de « Je ne peux pas à cause de... ». L'énergie se manifestera alors sous forme de handicap. Nous devons comprendre que nous faisons tout cela dans le but d'évoluer, c'est la seule raison. Si nous n'avons pas d'yeux, nous avons des oreilles, ou bien c'est notre sens du toucher qui prime ou encore l'odorat qui est plus développé. Peut-être n'utilisons-nous pas une partie de nous-mêmes parce que nous n'en avons pas besoin. C'est toujours la perspective de l'âme, du je supérieur, qui ne nous punit pas, mais nous donne quelque chose sur quoi fixer notre attention. Si nous sommes handicapé, physique ou mental, nous devons accepter cette vérité indéniable : c'est un bon outil pour apprendre à évoluer.

Tout est conscience. Rien n'est secret dans l'univers. Ce que quiconque a vécu ou su est à la portée de nous tous. Certains ont appris à utiliser cette vérité et élargi leur conscience vers d'autres espaces célestes pour contacter soit des extensions de leur propre conscience cosmique, soit d'autres entités capables de partager leur conscience élargie ou leur point de vue avec l'humanité. Ce sont les « canaux » que certaines personnes commencent à rechercher depuis peu. Quel réconfort de se trouver en présence de quelqu'un capable de vous transmettre la communication d'un esprit qui vous reconnaît et confirme vos pensées profondes ; un esprit qui explique le karma d'un événement de votre vie ou vous aide à converser avec un cher disparu. Il suffit parfois de sentir l'amour inconditionnel émanant de ces esprits pour nous revigorer et nous aider à continuer. C'est une merveilleuse relation symbiotique, puisque ces entités ont autant besoin d'être en contact avec nous que nous avec elles. Elles ont choisi de continuer de garder leur attention fixée sur ce plan pour poursuivre l'évolution de leur âme dans le domaine de cette réalité.

Nous devons prendre conscience que les lois de l'énergie sont en jeu ici. Recevoir une information qui paraît expliquer ou s'imbriquer dans votre puzzle karmique ne va en aucun cas vous en libérer ou changer votre plan de vie. Tout comme en psychologie : le fait de savoir peut soulager de la douleur ou faciliter un changement de comportement mais ne transformera pas les niveaux les plus profonds de votre être. C'est pourquoi il est important que la connaissance et l'expérience proviennent directement du fond de vous. Notre travail consiste à harmoniser les gens avec l'énergie de ces modèles et à leur apprendre à les faire disparaître du champ aurique. C'est cette transcendance énergétique qui nous permet de devenir des êtres lumineux et rayonnants. Ce que ne peut nous apporter la compréhension intellectuelle. Dès que vous demandez à être guidé, vous devez être conscients que vous abdiquez vos choix en faveur de quelqu'un qui est toujours obligé de filtrer la vérité à travers les voiles de ses propres expériences cristallisées. Ces entités sont des énergies qui contiennent toujours un niveau de positionnalité, un niveau de personnalité ou un circuit de souvenirs fixés par leur propre compréhension.

Même chez les plus grands maîtres tels que Jésus-Christ ou d'autres, il reste des éléments de karma, sur ce registre, leur permettant de conserver des canaux de communication avec nous. Tandis que leur présence élargit notre conscience d'autres dimensions, nous devons les aider à s'affranchir de leurs liens avec notre plan afin qu'eux aussi puissent évoluer et atteindre la lumière universelle divine.

Le travail de nettoyage pratiqué au Light Institute aide merveilleusement ces êtres désincarnés à se débarrasser d'empreintes émotionnelles qui leur pèsent. Il est également très important de libérer les canaux eux-mêmes. Le degré où les canaux conservent des empreintes est proportionnel à celui où ils colorent ou déforment l'information qu'ils transmettent. La précision psychique n'est pas gênée par cela de manière significative, parce que « lire » quelqu'un consiste plutôt à le brancher sur l'illumination spirituelle. Demander à une autre personne de modeler vos choix karmiques est toujours une affaire risquée.

L'un des thèmes courants dans les canaux est la terrible expérience de se voir puni ou mis à mort pour avoir communiqué une vérité dépassant le niveau de compréhension de la population de l'époque. Le corps enregistre ces souvenirs et se préserve de se trouver à nouveau dans la même situation. L'écho de ce système d'alarme se répand dans notre illusoire continuum espace-temps. Nous n'oublions jamais. Dès lors que l'âme aura acquis suffisamment de sagesse pour fonctionner à ces registres élevés de conscience, il existera toujours un aspect énergétique du système d'alarme qui gravitera naturellement autour de ces canaux. Le je supérieur se met en contact avec les ondes cosmiques d'où on a accès à toute connaissance. La personne s'accorde à cette fréquence, gardant en place son protecteur, et reçoit le savoir comme s'il venait de l'extérieur. Lorsque nous déchargeons des êtres de leurs autocollants de souvenirs astraux, les canaux découvrent souvent que celui qui les a guidés est en fait leur je supérieur. Cette découverte est très importante pour eux. Se produit alors une impressionnante élévation des niveaux d'énergie et de la capacité de guidage, ainsi qu'une nette amélioration de la clarté de leur communication.

Les guides intérieurs font également partie de nos ressources multidimensionnelles. Chacun d'eux a un cadre de référence, en rapport avec notre développement intérieur et correspond à son propre niveau de savoir. L'un de nos problèmes est l'accoutumance à ces guides. D'abord à notre mère, puis à notre partenaire, puis à nos enfants et nous ne lâchons jamais prise. Nous devenons terriblement collants. Même après notre mort, nous ne lâchons jamais prise. Nous nous habituons à nos guides. Si vous laissez le processus agir comme il le doit, un guide viendra et vous dira : « Va voir par là-bas », et vous irez. Et puis il s'en ira – sauf si vous le maintenez prisonnier – et un nouveau guide arrivera. Les guides viennent pour nous secouer. Faites votre travail avec eux et laissez-les partir. Ne vous obstinez pas à rappeler toujours le même guide ou bien vous n'allez réussir qu'à agrandir vos cercles sur un même plan horizontal. C'est comme ça qu'on évolue. Nous débarquons sur un plan horizontal et puis nous nous étalons. Lorsque nous le maîtrisons, nous pouvons nous élever à un autre plan horizontal et nous étaler à nouveau, tout comme l'ADN.

Il est très important de vous exercer à ne pas vous attacher à un guide ayant un répertoire lié au vôtre. Si vous posez une question qui ne figure pas dans ses connaissances, vous aurez des ennuis. Cela vous apportera une forme-pensée qui ne vous mènera nulle part. Il existe plusieurs niveaux de guides, entités, énergies et êtres dans tous les registres de l'univers. Il y a les seigneurs, comme il y avait les dieux grecs à un registre de la réalité, et des maîtres évolués à un autre registre de la réalité. Il y a les seigneurs de l'univers, les fréquences galactiques. Ils sont là pour choisir et être choisis selon vos mécanismes d'attirance ou de rejet. Ils font tous en sorte de ramener cette planète – actuellement déstabilisée – à un équilibre.

Votre je supérieur est une extension de vous-même et il sera assez avisé et fort pour vous mettre en rapport avec quiconque au-delà. Mais, en tant que seigneurs de l'univers, ces êtres n'ont pas l'autorité de vous imposer ce qu'ils veulent. Vous devez faire l'expérience de la lumière que vous pouvez créer vous-même. Lorsque vous la connaîtrez, votre attention sera fixée sur l'utilisation que vous pourrez faire de cette lumière. Alors vous pourrez vous mettre en harmonie avec les divers maîtres supérieurs, avec les seigneurs de l'univers, avec les êtres galactiques, avec l'énergie du Christ... Ils ne sont pas séparés de nous. Ils sont en fait des facteurs différents de la réalité, comme le je supérieur. Il existe quelque chose pour chacun, comme les royaumes végétal, minéral et animal. Quel que soit votre mode de fonctionnement, il existe quelque chose ou quelqu'un là-haut qui répondra. Il vaut mieux devenir aussi universel que possible, pour élargir votre répertoire.

Aucune comparaison n'est possible entre les différents guides et le je supérieur : aucun canal ne vaut votre je supérieur. C'est l'énergie de votre être divin. Le je supérieur est le meilleur guide parce qu'il n'est attaché à aucune perspective humaine. C'est la seule énergie qui ait accès à votre hologramme personnel tel qu'il correspond avec le cosmos divin infini. L'exploration de l'extérieur de soi a autant de rapports avec l'apprentissage des niveaux de discernement qu'avec la vérité. Le je supérieur trempe toujours dans le royaume de la vérité, toujours intrinsèque à notre expérience de la conscience. Le je supérieur nous amène toujours où nous devons aller.

# 6
# L'ÉNERGÉTIQUE ASTRALE

**Lorsque nous remontons en spirale, dans le tourbillon de la vie, toutes les réalités dimensionnelles peuvent nous accompagner dans cette accélération du processus d'évolution.**

Les sessions de travail du Light Institute sont des voyages dans le temps suspendu, par lesquels nous descendons profondément dans les symboles, les images et les couleurs, représentants du langage de l'inconscient.

Au cours de ce voyage dans la conscience, l'un des concepts les plus difficiles à saisir est celui de l'énergie astrale du corps émotionnel. Nous possédons en effet un corps astral composé de nos émotions et de notre champ aurique. À quoi ressemble-t-il ? Il est semblable au corps physique mais s'étend au-delà. Le corps astral s'élève du véhicule physique lorsque nous sortons de notre corps, et il se déplace dans la dimension astrale, traversant parfois les registres de l'infrarouge.

Notre champ aurique est composé de la fusion du corps astral ou émotionnel, qui passe de notre véhicule physique à la dimension astrale en passant par le cordon reliant les corps astral et physique. La difficulté surgit lorsque de fortes empreintes émotionnelles rayonnent comme des antennes, attirant sur nous des empreintes venant des dimensions astrales. Nous revenons de cette expérience astrale, et passons peut-être plusieurs jours à nettoyer notre champ aurique, sans savoir vraiment ce qui se passe. Les gens sortent couramment de leur corps pendant le sommeil, un accident, un trauma ou une opération chirurgicale. Pensez aux conséquences que peut avoir cette sortie du corps pendant une opération, alors que l'hôpital est occupé par les entités qui viennent de mourir, avec toute la peur et la peine qui les accompagnent. Dans l'état astral non protégé, nous sommes totalement perméables à ces émotions étrangères.

Si nous regardons notre corps émotionnel de ce point de vue-là, nous pouvons observer que tout ce qui nous remue, ce qui contrôle notre perspective de la réalité – notre vision de nous-mêmes et du monde – ne nous appartient pas vraiment. Ce ne sont que des émotions amplifiées, magnifiées, qui ne pourraient ou ne devraient être que des étincelles passagères. C'est la vieille psychologie populaire. Il se produit un profond changement de l'équilibre d'une personne lorsque celle-ci se trouve dans la foule, en état d'ébriété ou dans la dimension astrale. Les foules fonctionnent généralement depuis la dimension astrale. C'est pourquoi elles sont capables d'actions dans lesquelles les individus ne s'impliqueraient jamais seuls.

Le corps émotionnel est truffé d'empreintes d'énergie astrale, très séduisante dans sa nature. Nous les appellerons « autocollants ». La dimension astrale se situe dans un espace simultané à celui de cette dimension. Les émotions, les chocs, la drogue et les rêves sont tous des mécanismes qui provoquent le passage dans l'astral.

Le retour dans les vies antérieures nous amène également dans l'astral. À la seconde où nous prenons forme, nous prenons contact avec notre énergie astrale. La dimension astrale, c'est le voile. Elle fait partie du lot du corps émotionnel, dont les empreintes nous suivent de vie en vie. Cette énergie existe en fait dans les cellules du corps et, chaque fois que nous renaissons, elle s'active à nouveau dans la mémoire cellulaire. À cause de cela, le corps émotionnel revient à son ancienne place avec les mêmes schémas. Par son énergie astrale, il établit une fréquence qui rayonne vers le corps physique, qui fixe le message permettant la réalité. Le corps émotionnel dirige l'ensemble à cause de sa nature astrale.

Il est important de savoir que l'énergie astrale circule dans les cellules du corps. Les cellules ont des capacités physiques leur permettant d'accéder à tout ce que le corps émotionnel a pu expérimenter dans son labyrinthe hors du temps. Le corps émotionnel transporte ces messages : souvenirs de peur, de destruction, de catastrophe, rarement des souvenirs d'extase. Il se sépare du non-manifeste et n'y revient pas. Si l'extase ne passe pas c'est que nous n'avons pas encore développé un répertoire émotionnel aux vibrations suffisamment élevées pour intégrer la joie et l'extase. Elles sont ressenties par le corps lumineux.

Tant que le jugement et la droiture ne peuvent entrer en contact avec l'expérience directe, nous sommes coincés de ce côté-ci du voile, du côté physique, et demeurons séparés de la source-Dieu. Lorsque nous serons d'accord pour entrer dans l'astral et régler le problème des autocollants, entrer dans les souvenirs de toutes ces vies d'expériences et nous en défaire, nous ôterons peu à peu le voile retournant ainsi à la forme pure. Tant que nous laisserons l'autocollant dominer, nous aurons beau chercher la source-Dieu, en parler, y penser, la conceptualiser plus ou moins dans le corps, nous ne pourrons pas en *faire l'expérience* parce que le corps émotionnel est le véhicule de *l'expérience.*

Si nous faisions face à la dimension astrale nous ne la verrions pas, ne distinguant que douleur, colère, culpabilité et contorsions. Puisque nous sommes toujours attachés à ces expériences, nous les évitons. Parce que la mémoire astrale est cellulaire, nous devons nous nettoyer au niveau cellulaire. Et c'est pourquoi, à ce stade d'évolution, nous sommes arrivés à une impasse : le corps mental ne peut plus nous protéger. Il doit s'élargir maintenant. Nous devons sortir le mental fini de ce cercle vicieux et passer à un modèle holographique qui lui permettra d'identifier pour nous ces autres registres, également réels, que sont l'extase et la félicité, la fréquence de notre nature divine. En présence de ces énergies, les corps émotionnel et physique sont spontanément transformés.

Si nous sommes projetés par hasard dans la dimension astrale, nous nous trouvons sans défense face aux agressions des énergies émotionnelles. Ces énergies, pouvant provenir de formes-pensées particulières ou d'émotions anciennes, vibrent souvent à un niveau très bas et parasitent notre être. Après notre retour de la dimension astrale, elles continuent à agir et à grandir en dérangeant notre équilibre. C'est pourquoi nous ressentons des choses *a priori* étrangères, comme une angoisse soudaine qui n'a pas de raison apparente. Le sentiment est enfermé dans l'énergie rapportée de l'autre côté du voile pour nous pénétrer dans cette dimension.

Le manque d'un noyau central dans la dimension astrale permet aux énergies d'être absorbées sans discrimination. On peut mettre ce manque de centre de l'ego en parallèle avec le problème de la drogue, d'un point de vue psychologique ou émotionnel. Lorsque les gens utilisent des drogues-distraction pour se détendre, ils sont capables de perdre la trame de leur ego et deviennent moins défensifs, moins hostiles, moins angoissés. Mais le prix à payer pour ce relâchement de l'ego qui nous transporte dans la réalité astrale est la perte du centre de notre propre conscience. Nous nous perdons dans un immense océan d'énergies erratiques qui s'accrochent à nous. Bien entendu, nous cherchons ensuite souvent à renouveler l'expérience, à échapper à notre vie quotidienne, aux limitations de notre ego. Alors nous nous aventurons dans l'astral. Non seulement nous cherchons à y fuir notre ego, mais aussi nous créons un schisme entre nos différentes réalités et notre capacité à nous déplacer dans ces réalités d'une manière consciente et souple. C'est un détournement du but de notre vie.

La confirmation psychologique de ce détournement est fascinante. On a découvert, par exemple, que la plupart des drogues laissent des traces dans l'iris de l'œil, visibles quinze ans après la consommation. La marijuana produit une substance poisseuse, semblable au goudron, qui recouvre la synapse des nerfs du cerveau.

Jusqu'à présent, nous n'avons trouvé aucun moyen de l'éliminer. Ce blocage diminue notre liberté d'une conscience élargie, en ralentissant nos vibrations. La dimension astrale vibre à une fréquence très basse.

Les enseignements spirituels de plusieurs cultures primitives ont assimilé l'utilisation de certaines substances dans le seul but de transporter la conscience dans la dimension astrale. Il fallait rendre possible l'union avec la conscience d'autres espèces, d'autres règnes, par laquelle ces chercheurs pouvaient avoir accès à des informations de première importance pour la survie, pour la compréhension de l'avenir et de la vie quotidienne. Aux Amériques, certaines plantes ont été utilisées pour entrer en contact et se fondre avec l'esprit astral des animaux. On considérait que les animaux possédaient un pouvoir en rapport direct avec la qualité de la vie humaine, et qu'il était possible d'y avoir accès pour guider les hommes dans les hologrammes de toutes les espèces, de toute la nature. L'intercommunication au sein des diverses dimensions et des espèces, et au sein de cet édifice naturel, avait une signification divine : le relâchement de l'ego faisait toujours partie des rituels, de ces substances ou de ces identifications avec les esprits des animaux. Le but était de détendre la constriction de l'ego pour comprendre, communiquer, et canaliser une énergie plus élevée : l'énergie du Grand Esprit. De cette manière, la communication avec la dimension astrale représentait un guide pour ces gens-là.

À notre époque, il est très difficile d'aller et venir dans la dimension astrale sans se salir au contact des énergies de la dimension astrale. Actuellement, à cause des expériences scientifiques sur les rayons laser, la membrane entre les dimensions a été déchirée. Il existe des endroits spécifiques sur terre où l'énergie astrale coule. Les gens qui se laissent aller aux drogues hallucinogènes, même occasionnellement, ou relâchent leur contrôle de l'ego – par l'alcool, ou des expériences émotionnelles très fortes – se trouvent confrontés à ces énergies échappées de la dimension astrale ; les conséquences en sont nombreuses : dommages aux niveaux psychique, émotionnel et mental. Lorsqu'il y a définition claire et maîtrise parfaite de la dimension astrale, elle peut être utilisée comme guide, comme éducateur pour savoir ce qui se passe dans ce monde. Mais autrement, il est très dangereux de s'aventurer seul dans les énergies erratiques de la dimension astrale car cela provoque une séparation entre nous et les autres, entre nous et notre conscience supérieure.

Nous ne pouvons nous raccorder et fusionner de manière centrée si nous sommes inondés d'énergie astrale. Sans cette intégration, que l'on trouve chez les peuples traditionnels organisés autour de ces tâches spécifiques et sacrées, nous perdons notre identité et nos objectifs. Pourtant, ma profonde expérience personnelle de la vérité enseigne à nous libérer de ces souvenirs de rituels où nous avons absorbé des substances qui nous ont transportés dans la dimension astrale. Nous avons désespérément besoin de faire évoluer les registres de notre capacité de conscience dans des domaines plus élevés ; à ce stade, nous acquerrons la sagesse nécessaire à l'accomplissement essentiel de notre vie, au-delà de tout pouvoir personnel.

Nous devons dépasser le pouvoir de la dimension astrale qui manipule, par une alchimie quelconque, nos réalités proches. Nous devons écouter les murmures d'un ordre supérieur où nous pourrons nous affranchir de notre histoire pour prendre part à cette dimension, en tant qu'êtres pleinement réalisés. Le but de notre vie sera transféré du pouvoir personnel au courant universel, à la communion sur un plan universel, afin que nos formes-pensées et notre énergie deviennent globales dans leur nature. Nous n'aurons plus besoin de créer d'après les limites de notre volonté individuelle qui ne reconnaît ni l'hologramme ni les rapports entre les milliards de fils constituant l'harmonieuse tapisserie de la vie. Lorsque, grâce à notre subtile mémoire, nous retournons à ces rituels qui nous ont servi en d'autres temps, pendant d'autres vies – vies où nous avions acquis une certaine maîtrise personnelle, du pouvoir et des connaissances –, nous tirons en fait le fil de la conscience organisatrice de ces rituels ; ceux-ci avaient pour but d'atteindre ce registre particulier de réalité.

Cette conscience – appropriée dans l'hologramme de la réalité de l'époque – n'est pas forcément appropriée, complète ou suffisante pour nous assurer l'illumination ou nous permettre de survivre à l'heure actuelle.

Le rituel et la conscience sont liés à l'expérience spécifique d'âmes incarnées au sein de zones de réalité spécifiques. Nous ne devons pas répéter l'histoire. Elle doit maintenant se déplacer avec le continuum d'évolution de l'expansion afin d'utiliser des registres d'illumination plus rapides, plus élevés et plus appropriés. Ils répondent à la réalité de la situation actuelle. Notre passé ne nous sera pas utile ici. Ce n'est pas parce que notre sagesse d'alors était impure ou incomplète mais parce que l'utilisation qu'on peut en faire ne correspond pas à nos besoins actuels. L'univers n'est pas statique, il évolue en permanence.

Si nous nous libérons de l'histoire qui imprègne notre corps émotionnel astral, nous aurons accès à la multidimensionnalité, y compris aux registres supérieurs. La libération de cette fréquence du passé nous propulse dans des fréquences de compréhension plus subtiles, plus rapides, qui peuvent nous être utiles maintenant. Nous devons explorer d'autres mondes !

Il est important de comprendre que, comme l'énergie des infrarouges, toutes les substances matérielles sont imprégnées de la fréquence de l'expérience, stockée dans la dimension astrale. Les endroits où nous avons participé à des expériences dotées de qualités, d'intensité et d'énergie émotionnelle semblent être imprégnés de ces fréquences au-delà du temps. Il en est de même pour les objets inanimés. Les meubles de notre maison sont imprégnés de la qualité du contact émotionnel auquel ils ont été exposés. Si vous mettez fin à une relation – mettons à vingt ans de mariage – et que vous emportez vos meubles dans votre nouvelle résidence, ils irradient les émotions des expériences passées. Il en résulte un emprisonnement et une stimulation inconsciente (astrale) par la qualité émotionnelle de vos expériences. Toute chose irradie cette « brume astrale », et cela influence notre façon de nous voir, notre bien-être, notre comportement émotionnel, bien que nous ayons oublié la source de ces émotions.

Laissez-moi vous donner un exemple. Admettons que vous alliez avec votre compagnon dans un endroit merveilleux, romantique et que vous descendiez dans un hôtel victorien. Vous vous asseyez sur des fauteuils victoriens, vous dormez dans un lit victorien. Vous songez à tout ce qui a fait l'époque victorienne, le style du décor, etc. Vous êtes venu ici pour des échanges amoureux, mais l'énergie émanant de la conscience qui a créé ces éléments de décor reflète la moralité de l'époque : l'idée que l'activité sexuelle est froide, peu plaisante, liée au devoir ou interdite. Voici venu le moment idéal pour faire l'amour et, pour des raisons tout à fait incompréhensibles, vous êtes tout à coup repoussé par votre partenaire. Le rejet, le changement d'humeur, le sentiment d'isolement, voire d'interdit, est dû au fait que l'antenne vivante, physique, de votre corps reçoit les formes-pensées, les messages et les expériences d'entités physiques telles que des chaises, des pièces ou des endroits.

Reconnaître ces vérités nous donnerait un pouvoir merveilleux. Depuis la nuit des temps, les êtres sensibles ont compris ces principes, ces lois de l'énergie. En plaçant simplement une main sur un objet, on peut accéder à la qualité de savoir, d'expérience, d'émotions liés à des objets physiques – une chaise, un bijou, une partie du sol, le corps de quelqu'un.

L'astral, puisqu'il est hors du temps et de l'espace, est un grand entrepôt d'histoires émotionnelles. Si beaucoup de ces informations peuvent nous être utiles, la plupart ne le sont pas. Nous devons devenir des êtres nouveaux appartenant à une fréquence supérieure.

Il n'y a pas que le toucher qui nous permette de reconnaître ou de prendre conscience des informations en provenance des champs astraux. Par la vue nous pouvons percevoir les émanations astrales. Certaines irradient de la télévision, ou des choses qui nous entourent dans le monde physique. La psychologie des médias a bien compris et utilisé ce phénomène : les publicités s'adressent directement à ces « motivateurs » inconscients. Les médias suscitent en nous des désirs inconscients pour que nous réagissions conformément à certains stimuli. Cela influence nos achats, forge nos opinions et nos choix quotidiens. Il s'agit d'une véritable pollution astrale qui nous est imposée alors que nous regardons passivement la télévision. Les programmes monopolisent tellement notre mental intellectuel que nous ne nous rendons pas compte de cette intoxication idéologique. Nous définissons et créons la trame de notre propre positionnalité en nous laissant envahir par les sons, les images et les suggestions médiatiques.

Les suggestions sexuelles dans les médias nous affectent profondément parce qu'elles sèment dans le mental des fantasmes visuels-mentaux qui nous transportent dans un monde astral illusoire. Le véritable contact physique avec notre nature sexuelle est coupé d'une expérience significative à cause de ces infiltrations astrales. Les subtils changements biochimiques produits dans le cerveau par la stimulation mentale sont souvent plus réels pour nous que l'expérience physique. C'est évidemment la cause de nombreux problèmes dans nos relations, et mauvais pour notre nature sexuelle car l'énergie électromagnétique libérée est un important passage vers la dimension astrale.

Le travail sur les vies antérieures prouve inlassablement que les préférences sexuelles ou les expériences sexuelles de vies antérieures sont fixées de manière indélébile dans le code de nos corps successifs, émotionnel et physique. Si nous abusons du caractère sacré de notre énergie sexuelle dans le « multipartenariat », nous intégrons dans notre être non seulement l'énergie astrale de notre partenaire mais aussi celle de tous ses partenaires. Cette idée commence à s'imposer par le développement du sida et des autres maladies sexuellement transmissibles. L'un des messages du sida est qu'il n'y a plus assez de solidarité dans le corps pour faire le simple travail de protection du corps. Lorsque nous sommes en présence de trois ou quatre autres corps dans le champ aurique, nous perdons notre intégrité, l'enveloppe imperméable de notre ego est arrachée. C'est pourquoi tant de gens se sentent épuisés après avoir fait l'amour.

L'énergie sexuelle devrait apporter un fantastique flux d'énergie dans le véhicule physique, pas le consumer ou l'épuiser. Si un type de relation sexuelle crée cette dissociation, cette décristallisation du centre d'un être, alors la maladie est invitée. L'acte d'amour mélange les champs auriques et les garde unis pendant à peu près quarante-huit heures. La qualité des émotions, des formes-pensées et autres énergies astrales du champ aurique de notre partenaire peuvent pénétrer dans notre propre aura sans aucun problème. Même une aventure éphémère met environ neuf mois pour nous lâcher. Si vous ne vibrez pas sur le même registre que votre partenaire, comme c'est le cas dans des rencontres fortuites, vous vous sentirez certainement quelque peu ébranlé. Il ne s'agit pas du scénario du cœur. Puisque l'énergie est liée dans les *chakras* inférieurs, l'énergie pelvienne est brouillée. Rares sont les femmes qui ne connaissent pas ce phénomène, qu'il soit dû à un avortement, à la culpabilité ou à une incapacité à sentir son propre corps.

Les années soixante ont ouvert la porte à la recherche d'une véritable réponse sexuelle. Mais les femmes se sont trop souvent barricadées derrière des murs vaginaux. Le cancer du col de l'utérus et autres maladies inflammatoires de la zone pelvienne ont suivi avec une régularité alarmante. C'est en fusionnant dans la zone génitale que nous nous approchons le plus de la véritable fusion dans notre conscience limitée. Nous pouvons sentir réellement notre être lorsque nous recevons une décharge électrique dans la zone sexuelle. C'est probablement l'expérience la plus intense que les gens peuvent ressentir. C'est pour nous l'expérience la plus proche de l'extase. Nous devons maintenant éveiller notre énergie sexuelle au niveau supérieur, pour pouvoir commencer à reconnaître et assimiler les énergies du corps et les fréquences cosmiques universelles. En vérité, nous savons déjà, au fond de nous, qui porte une énergie capable de nous nourrir. Mais l'énergie astrale du karma est trop séduisante pour qu'on lui résiste, et nous tombons toujours dans les mêmes pièges, souvent avec les mêmes complices depuis plusieurs vies. Toutes les maladies précipitant le vieillissement et la mort disparaîtront lorsque nous atteindrons la sagesse du je supérieur. Nous posséderons une compréhension englobant la totalité de l'énergie sexuelle – seul ou avec un autre. Ainsi, nous pourrons élever notre fréquence à cet état cosmique, orgasmique qui ne connaît pas la séparation.

L'alcoolisme peut être décelé dans le champ aurique. C'est une vraie maladie ; il ne s'agit pas de manque de volonté ou d'hypersensibilité bien que cela fasse souvent partie du tableau. On peut aider un alcoolique en vérifiant son taux de glycémie pour rétablir l'équilibre car le problème se situe souvent là. D'ailleurs, il se situe également là dans presque cent pour cent des cas de gens atteints de troubles psychiques, et qui ont du mal à maîtriser l'invasion de leur champ aurique. Ce phénomène de déséquilibre du taux de glycémie a tendance à rendre les psychopathes un peu gros. Ceci parce que les glandes pinéale et pituitaire attendent des informations et ne s'occupent pas du corps. Au lieu de donner des ordres : « Thyroïde, pompez », ou « Système endocrinien, bougez-vous », elles ne font rien et ne se soucient guère du corps.

Pour aider les alcooliques, on peut s'occuper de l'hypoglycémie. La L-glutamine (un acide aminé), en équilibrant la glycémie dans le sang, empêche les gens d'avoir envie de boire. Alors les personnes qui boivent beaucoup, ou celles qui ont des tendances alcooliques, peuvent prendre de la L-glutamine en fin de matinée ou en fin d'après-midi. C'est l'une des rares substances qui traverse la membrane dans le cerveau et stabilise la glycémie. Elle atténue la nervosité, et les bouleversements émotionnels perdent en intensité.

La L-glutamine est également merveilleuse pour apaiser le remue-ménage qui se produit en nous au moment des changements de dimension. Il arrive souvent que, en élargissant notre conscience, nous éprouvions quelque difficulté à rester dans le corps ou à nous en servir. Il est pourtant très important que nous restions dans ce corps, que nous apprenions à l'aimer sans condition, à l'utiliser pour nous améliorer, à le considérer comme l'instrument du non-manifeste dans cette dimension. Toutes les cellules du corps ont enregistré le moment de la conception, de la manifestation du non-manifeste et nous devons commencer à regarder le corps de manière différente.

Notre champ aurique est très important pour palper l'énergie astrale. Lorsque nous identifions le champ aurique, nous pouvons l'utiliser pour surveiller la pollution astrale et nous nettoyer des énergies indésirables. Lorsque notre conscience s'élargit pour repérer les champs auriques, nous pouvons les utiliser comme baromètres dans la connaissance de nous-mêmes et des autres. L'aura est sa propre vérité. Elle ne ment jamais, ni dans cette vie ni dans aucune autre. Elle raconte l'histoire de ce que nous sommes véritablement. Ce sont des annales *akashiques* physiques, accessibles par le mental cellulaire.

L'aura se constitue simplement d'un champ électromagnétique qui rayonne depuis le corps. Elle change constamment, elle n'est ni verte ni bleue. Elle se modifie à chacune de nos pensées, à chacun de nos sentiments. Elle a sa personnalité, ses perspectives, comme nous. Comme notre corps, porteur de certains messages, elle envoie les siens selon le karma que nous avons choisi. Nous pouvons donc avoir une aura exprimant des positions très marquées, avec plus ou moins de vert, d'orange ou de bleu selon le plan dessiné par notre âme.

Nous pouvons palper l'aura des autres, cela ne fait aucun doute. Nous aimons certaines personnes ou pas. Ce qui nous plaît ou non, c'est ce que nous ressentons dans leur champ aurique. Si nous y trouvons la peur ou la colère, nous nous éloignerons d'eux. Si nous pouvions voir avec nos yeux, nous verrions une couleur correspondante.

J'ai l'inestimable chance de connaître une femme qui est un grand maître en matière d'aura. Elle est née avec la capacité de voir le tourbillon des *chakras*. Laissez-moi partager très brièvement avec vous ce qu'elle m'a enseigné. Tout *chakra* contient la totalité des couleurs, même celui de la couronne qui les mélange toutes parce que les énergies s'entremêlent en arrivant à la couronne. Mais, comme chaque couleur transporte une fréquence spécifique à certaines énergies, ces énergies domineront dans le *chakra* qui leur correspond directement.

Si vous regardez le chakra du plexus solaire, par exemple, vous verrez probablement plus de vert parce que cette couleur correspond aux vibrations du corps émotionnel. Mais si vous pouviez voir le *chakra* tourbillonner, vous verriez une multitude de fibres de toutes les couleurs qui rayonnent vers l'extérieur. Le long des fibres de chaque couleur, on trouve des petits conglomérats. Dans les traditions orientales, on appelle ça des *nadis*. Ils peuvent résider dans le corps, dans l'aura ou dans le système nerveux. Ils ressemblent à ces petits paquets d'algues qu'on trouve accrochés le long des cordes. Si vous pouviez observer votre champ aurique avec un appareil spécial, vous verriez toutes les couleurs qui rayonnent.

Si vous subissez une contrainte quelconque, les fréquences de couleur changent. Si vous avez le cœur serré, les bleus du *chakra* du cœur vont affluer, les fibres seront courtes. Elles s'envelopperont les unes autour des autres, ou autour de la fibre de la mère ou de celle de l'amant, selon ce que raconte l'histoire, selon ce qui resserre ou bloque l'énergie du *chakra*. Il existe maintenant des machines qui testent le champ aurique et peuvent montrer si l'aura est dirigée vers l'intérieur, vers l'extérieur ou si elle est brisée.

Les drogues ont été un bon outil d'apprentissage pour l'élargissement de notre perception des champs corporels subtils. Si vous êtes sorti de votre être tridimensionnel (quelles que soient les circonstances) et que vous avez vu des énergies aux couleurs de l'arc-en-ciel rayonnant des gens, des plantes, de tout ce qui vous entourait, vous ne vous en remettrez jamais vraiment. Il y a eu expansion, élargissement. Mais il y a un prix à payer et, si vous y parvenez avec la drogue, votre aura s'effraie. La drogue y fait un trou, comme une incision dans un corps, dont la cicatrice ne disparaît jamais vraiment. Elle se rétablit mais cela perturbe l'intégrité du champ énergétique qui rayonne de vous. Les relations sexuelles non harmonieuses, la drogue et l'alcool affaiblissent nos champs de force à tel point qu'ils dépérissent ou qu'ils ont des fuites ! C'est pourquoi nous perdons de vue notre but et nous nous sentons trop faibles pour nous extérioriser. Notre force vitale nous quitte, laissant la dépression et la consternation diriger le sens de notre vie.

Alors que nous faisons l'expérience de cette inertie, si nous pouvions palper nos *chakras* et notre aura, nous pourrions utiliser notre intention consciente et bienveillante pour nettoyer et renforcer l'aura. La meilleure façon d'y parvenir consiste à envoyer l'énergie de la lumière par le plexus solaire pour que notre champ de force circule autour de nous. En déployant ainsi l'aura vers l'extérieur nous nettoyons le corps émotionnel et nous nous offrons une protection naturelle de l'énergie astrale car, tant que l'énergie sort par vagues, aucune autre énergie ne peut remonter le courant.

Il ne faut pas non plus considérer la dimension astrale comme une expérience négative à éviter absolument. Mais il faut comprendre la nature de l'astral pour pouvoir l'utiliser avec clairvoyance et en étant conscient de nos rapports avec l'énergie. Nous recueillerons alors cette sagesse et aurons accès à l'intercommunication entre les espèces, entre les dimensions, ce qui nous aidera dans notre vie quotidienne. Dans le même temps, lorsque nous déchargeons notre propre énergie astrale dans la conscience, nous apaisons, nous recréons et modifions la dimension astrale elle-même. En remontant dans le tourbillon de l'énergie de la vie, les réalités de toutes les dimensions peuvent atteindre avec nous ce processus accéléré d'évolution. Nous dansons, baignés de grâce divine, sur la membrane de ces dimensions, à travers l'univers tout entier.

# 7
# LA SEXUALITÉ

**La sexualité ne nous sépare pas de l'illumination. Elle est inhérente à notre expérience terrestre et nous permet de fusionner avec l'illumination.**

*Nous avions déjà vécu cette odyssée auparavant. Tous les ans à Noël, mon noyau interne semblait étrangement agité par l'extériorisation de quelque énergie profonde. À partir du moment où la trame d'une famille est irrévocablement bouleversée par un divorce, les fêtes – comme celle de Noël – sonnent faux parce qu'elles représentent des jalons dans la continuité de l'histoire. Un trou dans la trame familiale déchire inévitablement cette continuité. Nous avons alors créé un nouveau jalon en allant passer Noël dans le désert, aux alentours de Tucson en Arizona. Je me sentais pleinement heureuse avec mes cinq enfants autour de moi : nous explorions ensemble, dormions, mangions, dans un environnement préservé de toute distraction superficielle.*

*Il nous parut merveilleux de dormir à la belle étoile le jour de Noël. Toute la beauté, la nouveauté, la vulnérabilité de ces instants déclenchèrent en moi une émotion forte qui s'éleva dans le ciel nocturne. Cette émotion troubla mon corps ; il fut sensible à cette différence entre la pression de mon cœur contre celui d'un autre et cette immense bouffée d'émotion qui m'envahissait. Je n'avais pas fait l'amour depuis quatre mois et je méditais sur l'éventualité de ne plus jamais connaître cette sensation. J'avais quarante et un ans, mon énergie sexuelle avait atteint son plus doux, son plus haut point. Je ris de moi-même en pensant à ce que j'avais vécu, à ces dernières années où j'avais failli éclater, comme si, seule, je venais de faire une découverte qui allait changer le monde. Je me trouvais là, fraîche, avec ce nouveau « truc » et je me sentais comme neuve pour aller revisiter son monde secret.*

*Je ne sais pas combien de temps j'ai dormi mais je me suis réveillée dans un milliard d'explosions orgasmiques, palpitant au rythme des spasmes électriques jusqu'aux confins des cellules, de mon corps, de ma conscience !*

*J'étais ruisselante. Toutes mes frontières, toute conscience de moi-même étaient effacées. Après des moments indescriptibles, intemporels, je me suis calmée avec une sensation de mer ondulante, et j'ai compris que je m'étais soulevée du sol d'environ trente centimètres. J'ai eu l'impression d'atterrir en douceur et, pendant le restant de la nuit, j'entendis un merveilleux chantonnement dans mon corps. Mes cellules chantaient. Mon mental ne s'était pas manifesté pendant tout ce temps, tant j'étais plongée dans une expérience pour laquelle je ne peux trouver de nom que maintenant : « orgasme cosmique ».*

L'essence spirituelle de la sexualité, c'est la force non manifeste multidimensionnelle de création circulant dans la pensée et descendant dans la matière. C'est notre expérience de cela qui est non manifeste, la boucle du néant, tourbillonnante. L'énergie de la force vitale descend au niveau de la pensée. Il se produit alors un effet vibratoire qui commence à onduler au sein de la force créatrice à travers l'univers. Cette ondulation prend une forme, une structure, un rythme. Elle crée la matière qui commence à chercher son propre niveau, à chercher son foyer pour que puisse éclore la graine dans un environnement propice à la vie.

Le moment où l'énergie se connecte est celui que nous

appelons conception. Elle a lieu sur différents registres, dans plusieurs dimensions. Elle représente pour nous la jonction entre le non-manifeste et le manifeste. Cette jonction crée une fission qui se propage en créant un univers, un environnement propice au développement de la graine. Il y a synchronisme entre ce qui doit se développer et ce qui crée.

Dans notre dimension humaine, ce flux, cette fission, existe : lorsque l'œuf est fécondé par le spermatozoïde. L'expérience qui en découle irradie une impression ou un modèle qui définit la forme et exprime les intentions de l'âme.

Au moment de la conception, la fréquence qui, à la maturité, nous attirera vers nos partenaires, est déjà en mouvement. Ces êtres qui viennent à nous pour un contact sexuel sont déjà dans la gamme de cette vibration, dans la gamme de cette fréquence de la conception. Les cellules du corps mûrissent et continuent cette croissance, cette pulsation vitale, jusqu'à la puberté.

L'énergie de la glande pinéale est directement reliée à la forme matérielle qui représente cette conception, nourrit la forme et contient le plan de vie. La glande pinéale est stimulée de façon à ce que le non-manifeste soit canalisé dans ce qui prend forme, comme la zone sexuelle, génitale.

Il est important de comprendre cette connexion sexuelle parce que lorsque l'énergie spirituelle et le corps prévoient un registre de séparation ou de dualité, la glande pinéale ne s'occupe pas du côté physique du corps ; alors l'énergie sexuelle est perturbée ou ne suit pas le courant qui devrait l'amener à ce que l'on appelle une expression sexuelle normale. L'énergie sexuelle reste ainsi hors du corps physique, et la création provient d'autres registres de notre corps – notre corps mental, les fréquences de notre essence – et n'entre pas complètement dans notre véhicule physique.

Dans la structure des organes génitaux se situe l'essence de l'appel : l'énergie qui rayonne, attire l'énergie des partenaires, produit l'évolution et les choix dont la zone génitale fera l'expérience. Lorsque ces souvenirs sont dérangés – lorsque le plan de vie est marqué d'expériences reflétant la maladie ou la mort de ces zones – ils créent un blocage dans le véhicule actuel, une séparation du flux des *chakras* inférieurs vers les *chakras* supérieurs. C'est ce que nous vivons actuellement, depuis les expériences sur la sexualité, de l'Atlantide jusqu'à notre époque en passant par le Moyen Âge. Cette expérience active les structures physiques, et nous sommes confrontés à beaucoup d'anomalies car l'essence spirituelle qui devrait être présente dans les organes génitaux se trouve bloquée. Les femmes, par exemple, qui recherchent toujours un écho de la fission, ressentent à la place un engourdissement des parois du vagin qui ne permet pas à la fréquence électromagnétique de s'installer. Au lieu d'être vécu pleinement, l'état naturel d'orgasme créatif n'est ressenti qu'à son stade primaire. C'est ce qui se produit avec la force *yang* qui jaillit à cause des empreintes de sa mémoire. L'union sexuelle ne parvient pas à boucler la boucle entre les fluides qui jaillissent vers l'extérieur et ceux qui sont créés pour revenir à l'intérieur. Alors il y a blocage.

Lorsque le corps physique est incapable de percevoir l'hologramme, le flux et le reflux, une agitation intervient car il n'atteint pas le point de conception, le seuil. Dès lors que nous comprenons cela, que nous accordons notre conscience en retournant à la ligne de physicalité, à l'essence de l'énergie électromagnétique, nous pouvons sortir cette énergie de son isolement et la ramener dans tout notre véhicule ou corps physique.

Le véhicule est la représentation de la force divine, de la glande pinéale aux organes génitaux, passant dans tout le système pour créer le chiffre 8, le tout. C'est le circuit divin. Nous pouvons alors avoir accès à l'énergie, comme c'était prévu, pour qu'elle circule dans le système des *chakras*. Les *chakras* représentent ces passages, ces registres et ces niveaux d'évolution de la conscience qui permettent à la pièce divine de se jouer. Nous pouvons, grâce au véhicule, grâce à l'énergie sexuelle, nous transmuer de ce qui appartient totalement au royaume de la forme à ce qui en est complètement distinct, en permettant au fil de la conscience, le flux initial, de bouger. Nous pouvons utiliser cette énergie dans tous les registres de la création, et qu'on nous demande d'utiliser à l'heure actuelle. Nous devons apprendre à accéder à ces registres de notre énergie sexuelle pour créer un tout en nous-mêmes et pouvoir extérioriser cette énergie. Alors, tous les êtres que nous toucherons ou avec lesquels nous entrerons en contact pourront subir cette stimulation de mémoire, cette énergie magnétique directive qui leur permettra de commencer à circuler à travers la trame de leur propre registre afin qu'ils attirent des énergies similaires aux leurs. Nous pouvons ainsi libérer les gens de la confusion due à la dispersion de l'énergie sexuelle qui cause maladies et séparations au lieu de la fusion représentant l'essence de la vie.

Nous devons commencer à faire monter cette énergie dans notre système et à voir où elle s'arrête ; nous pourrons ainsi nettoyer le registre des résidus qui l'empêchent de revenir dans la force physique à la glande pinéale et de revenir au début. En installant la fréquence sexuelle dans cet environnement, nous amenons la cohésion, une force créatrice qui n'est pas encore apparue sur cette planète. C'est précisément cette force créatrice qui peut aider l'être humain à former son destin, sa volonté d'être, et qui effacera la maladie et la confusion. Nous avons toujours associé la « sexualité » à l'activité génitale. En élargissant notre expérience de la sexualité en *shakti*, force de vie divine, nous l'utiliserons pour guérir et créer. Si nous l'intégrons, la honte et la séduction laisseront place à la joie et à la liberté.

Nous devons considérer tout cela pour ce qui concerne le choix d'un partenaire, cette personne qui danse avec nous dans le registre physique. Nous avons besoin de faire l'expérience de l'énergie, l'énergie sexuelle dans sa forme essentielle, de telle sorte que, en faisant l'amour, nous restions en contact avec ce registre. Si nous y parvenons, nous perdons notre positionnalité. Nous perdons la distinction entre mâle et femelle, entre celui qui reçoit et celui qui pénètre. Parce que chaque être, qu'il soit dans le corps d'une femme ou dans celui d'un homme, contient les deux. Tant que nous ne serons pas installés dans l'équilibre de la conception et la fusion, nous ne trouverons l'équilibre dans aucun registre de notre être. Lorsque nous pourrons oublier la sensation du corps, positionné soit pour recevoir soit pour pénétrer, nous pourrons connaître l'énergie d'une manière profondément différente. Nous pouvons commencer à fixer notre énergie pour faire l'expérience de la fluidité de la décharge électrique. Lorsque le vagin sera éveillé, il deviendra fluide. Idem avec l'organe masculin. Il y a cette forme liquide qui transporte l'énergie électrique, qui palpite. C'est une conscience qui peut arriver dans le registre de l'échange. Là encore, la positionnalité est abandonnée et la conception se produit, c'est le point de création. Lorsque nous atteignons cette énergie dans une forme si pure, nous pouvons utiliser l'énergie de la conception pour créer la pluie, la nourriture ou toute autre forme d'abondance. De même, nous pouvons passer de l'autre côté et nous décharger de la négativité, éliminer les déchets atomiques ou toute pollution de l'énergie qui n'apportent rien, ni à nous-mêmes, ni à la planète.

Le mâle peut alors tirer de la femelle ses fluides et envoyer les siens à la femelle réceptrice. Lorsque cela se produit, l'énergie fusionne et chaque être peut remonter le système des *chakras* sans effort ; tous les centres de communication, de fusion, de réalité sont ouverts.

Lorsque vous contactez la force créatrice dans toutes les créations, vous n'avez pas besoin, pour vous protéger, de la clore, pas plus que le champ aurique. Nous ne sommes pas séparés de l'illumination par la sexualité : elle fait partie de notre expérience terrestre qui nous fait fusionner avec l'illumination. C'est justement ce qui nous permet d'avancer vers le divin. Il n'est pas prévu que le corps soit séparé de Dieu. Ce qui crée la séparation, c'est notre incapacité à contenir, à connaître l'hologramme. Lorsque nous commençons à saisir ce point de vue – et c'est pour cela qu'il y a tant de confusion et de maladies sexuelles à l'heure actuelle –, à reconnaître que Dieu, la force divine, est partout, nous pouvons utiliser la sexualité comme un instrument. Notre énergie sexuelle est la plus proche de l'esprit. La plus proche de la force divine parce que c'est à la conception que le non-manifeste prend forme, que la fusion a lieu et que la pulsation commence. La pulsation commence, la force de vie rayonne et crée la forme. La forme est l'extension de Dieu, l'extension du divin. Le divin passe par la matière pour mieux se connaître.

Alors, pour la première fois, nous pouvons commencer à utiliser consciemment notre énergie sexuelle pour faire l'expérience du divin. C'est ce que je veux dire lorsque je parle d'orgasme cosmique, lorsque je parle de félicité, d'extase. C'est pour cela que l'extase est une nouvelle fréquence, la vibration d'un nouveau registre. Notre énergie sexuelle est généralement la seule chose dans la vie qui nous permette d'approcher l'extase parce que nous sentons cette pulsation, cette décharge électromagnétique qui appartient à notre propre création. C'est l'essence de notre être. Nous pouvons vraiment ressentir cette extase.

Le problème auquel nous avons été confrontés jusqu'à maintenant sur terre dans notre corps physique, c'est que notre capacité de conception n'a eu lieu que dans une gamme très limitée, dans un registre très limité de la réalité physique. Disons dans les deux premiers *chakras*. Nous devons ouvrir à la conception tous nos autres *chakras* pour pouvoir fusionner avec le registre supérieur. Le *chakra* du cœur sera exposé, pour la première fois, à cette énergie créatrice. Cette terre est la planète du *chakra* du cœur. Lorsque l'énergie sexuelle vivra dans le cœur, nous ne serons pas malades, nous ne connaîtrons plus la confusion. Nous n'aurons plus de difficultés pour savoir où habiter, comment nous nourrir, comment vivre la vie, car nous vivrons son essence même. La conception est le seuil de la multidimensionnalité.

Nous devons maintenant commencer à tirer parti de cette énergie sexuelle qui nous encombre quelque peu car elle ne sert que pour la naissance, la mort, la manipulation ou la mutilation du corps physique. Cette énergie doit aujourd'hui trouver la voie vers la forme essentielle, vers le cœur, dans un registre qui contient la matière et la vie, pour provoquer la fusion ici, sur Terre. Si nous pouvons apprécier la disposition d'esprit des gens qui font l'amour avec le cœur, alors nous pouvons fusionner avec ces registres de la force créatrice. C'est la force-Dieu qui doit descendre dans le véhicule physique pour qu'il puisse sortir indemne du registre de la mort et revenir ensuite à celui de la vie toujours rayonnante, où le cœur est stimulé, où la séparation n'existe pas, où il y a véritable fusion. La mort peut disparaître, peut s'éteindre : c'est le but de notre époque ; cela veut dire plonger dans le registre de participation à un niveau créatif. L'énergie sexuelle pourrait en être la clé.

Nous devons monter dans ces fréquences supérieures, et chacun d'entre nous peut y parvenir, accompagné ou non. Il le faut maintenant sinon nous ne parviendrons pas à aider l'humanité à traverser cette période difficile. Nous devons réussir à faire admettre cette énergie comme une réalité pour que, lorsque des gens viennent nous dire : « Je suis perdu », « J'ai deux partenaires », « J'ai un herpès », nous puissions les aider à se trouver eux-mêmes. C'est le même genre de travail que nous avons fait sur d'autres registres de façon différente. Maintenant, nous devons incorporer à notre répertoire la reconnaissance et l'utilisation de l'énergie sexuelle telle qu'elle est réellement. Au lieu de les bloquer, nous devons élever les gens pour qu'ils puissent atteindre l'énergie des *chakras* supérieurs, et l'utiliser pour revenir et se débarrasser de la maladie. Ils ont tellement surexposé leur corps à la gratification sexuelle qu'ils ont perdu leur imperméabilité naturelle et protectrice. Cela a abouti au sida et aux maladies sexuelles qui nous lancent aujourd'hui un défi.

L'arme la plus puissante, le rayon laser le plus performant pour transformer n'importe quelle maladie, blocage, engourdissement ou mort dans la structure physique de notre sexualité, est la force de création. Cette force divine peut être palpée et dirigée. Lorsque les gens sont dans la confusion, le blocage ou la maladie, ils peuvent contacter l'essence supérieure de la sexualité en ramonant les *chakras*. Ce faisant, ils ramoneront aussi les corps subtils et le corps physique, éliminant littéralement les déchets émotionnels, mentaux et physiques.

Nous avons tous un blocage sexuel à nettoyer parce que nous sommes nés à cette époque justement pour pratiquer ce nettoyage. Nous avons tous un historique sexuel, un bagage que nous traînons avec nous et qui dit « Voilà comment je m'identifie ». Ce bagage est là afin que nous ayons quelque chose pour nous envelopper. Chacun d'entre nous peut entrer dans les registres du cœur afin d'atteindre ce qu'il est nécessaire de nettoyer aujourd'hui.

Comme à l'Institut, nous sommes ici pour commencer à ôter les couches de cette identité sexuelle, de cette positionnalité sexuelle. Mâle ? Femelle ? Manifeste ? Non-manifeste sur chaque registre ? Qu'est-ce que tout cela ? C'est la recherche de ces énergies qui a créé tant de problèmes dans les relations. Tout est en nous. Nous nous rencontrons généralement sous l'effet du besoin parce que nous projetons l'essence mâle ou femelle comme faisant partie de l'énergie que nous cherchons chez notre partenaire. Dès que nous aurons appris à la puiser en nous, nos relations seront complètement transformées. La toute première cellule de notre corps physique est en même temps mâle et femelle. Lorsque nous pouvons ressentir cela au niveau énergétique, nous pouvons projeter dans chacune de nos milliards de cellules notre compréhension, notre capacité à accepter les deux énergies, et leur permettre de fusionner en les aimant.

Cela ne veut pas dire qu'il faille juger ou isoler la confusion sexuelle. Nous pouvons l'honorer, comme nous le faisons pour les autres thèmes qui brûlent le combustible de l'illumination. En séparant déjà la confusion du « qui je suis » et « qui tu es », tous ces thèmes de propriété, de possession, de séparation, de perte et d'interdit perdront leur définition, leur forme, et commenceront à disparaître. Ils disparaîtront de même que le corps émotionnel accélérera. Tout cela se dispersera parce que c'est la loi, la pulsation, le courant universel.

Tous ceux qui nous entourent nous reflètent. C'est pourquoi il est absurde de s'isoler derrière les concepts mentaux de l'hétérosexualité, la bisexualité et l'homosexualité. Ils n'existent pas vraiment. À un niveau multidimensionnel, nous disposons de répertoires sexuels variés et nombreux. C'est la mémoire inconsciente de ces répertoires qui nous incite à recréer les empreintes, même dans des corps qui sont peut-être très différents des précédents – d'où la confusion. Voici un exemple provenant d'une session sur les vies antérieures.

Un être de la planète Saturne se porta volontaire pour une mission sur la planète Terre, pour semer les graines d'une civilisation plus avancée. Sur Saturne, l'activité sexuelle procréatrice n'implique jamais la pénétration physique, mais la communion de formes-pensées. Dans le but de remplir cette mission sur terre, l'être abandonna son corps androgyne pour un corps terrestre mâle, afin de transmettre à certains habitants de la Terre le code génétique proposé. L'idée de pénétrer un autre corps était tellement intolérable au saturnien qu'il préféra rejoindre un groupe d'homosexuels plutôt que de poursuivre les pratiques sexuelles les plus courantes sur Terre. La communion avec un être du même genre était plus supportable que de participer à ce que la culture saturnienne de l'époque considérait comme un affront personnel inconcevable. Nous n'avons pas élevé notre véhicule physique suffisamment haut pour que les concepts mentaux et la compréhension spirituelle coexistent avec la reconnaissance et la compassion.

Dès l'instant où vous accédez à la réalité multidimensionnelle, le tout commence à tourbillonner dans son hologramme. Quand l'énergie spirituelle tourbillonne dans le corps émotionnel, elle crée une force centrifuge qui éjecte ce qui ne contient pas la vie, pour que la vérité apparaisse, pour que l'expérience, la force créatrice, puisse être palpée par cet être. L'énergie doit alors traverser tout le système des *chakras* et nourrir la glande pinéale, qui elle-même nourrit les organes génitaux du corps. Le non-manifeste commence à nourrir le physique. Les gens commencent à avoir des rapports à ce niveau-là. Alors, leur capacité à élargir leur expérience augmente.

Quelqu'un qui ne ressent rien sexuellement, comme une femme frigide ou un homme impuissant, va commencer à se centrer, à s'unifier, car la séparation va disparaître. Nous pouvons faire l'expérience de l'énergie dans sa forme physique qui dit « Oh oui, je suis ici, et là, et là », et la sentir dans les hauts et vibrants registres de l'extase. La confusion et les blocages que nous ressentons à tous les niveaux de notre compréhension sexuelle peuvent être éliminés.

Il faut énormément d'énergie pour s'isoler dans un domaine restreint et geler son énergie sexuelle. Devenir impuissant ou frigide (peu importe le terme qui veut dire : « Je ne vis pas ici, je n'ai rien à voir avec tout cela ») consomme une énergie qui cause une usure et une détérioration menant à la mort.

Lorsque nous commencerons à stimuler notre connaissance consciente en appréhendant l'essence sexuelle, la séparation se dissoudra et nous laisserons entrer l'énergie. L'homme ou la femme connaîtra la nature de l'énergie sexuelle. L'énergie est là dans la structure qui la fait avancer, et pourtant elle dépasse cette structure.

Les yogis ont adopté le mot « célibat » pour dire que l'énergie sexuelle ne devrait pas sortir du corps, mais devrait remonter à travers le corps. Si nous saisissons cela, nous pouvons imaginer la « conception » comme un rayonnement de la conscience hors de notre corps afin qu'il n'y ait pas de séparation. Il y a une différence énorme. En d'autres termes, si le véhicule que vous utilisez est une extension de votre propre forme physique, et si votre conscience peut s'y installer, alors plus rien ne vous sépare de l'illumination, du je divin. Le célibat est basé sur la règle suivante : il ne faut pas dépouiller le corps. Cela vient de la limitation de notre reconnaissance, de notre capacité à atteindre la forme énergétique. Il fallait qu'existe cette loi disant : « N'utilisez pas votre énergie sexuelle : elle ne vous mènera jamais au divin si vous la gaspillez en la faisant sortir du corps. » Nous sommes dans une structure où nous avons besoin de ce genre de règles, car notre conscience ne pourrait pas atteindre le véhicule entier, c'est-à-dire tous ses corps de conscience. Notre conscience, notre réalité sexuelle, n'était pas une réalité d'illumination. Elle était prisonnière des *chakras* inférieurs.

Nous avons eu besoin de cette doctrine du célibat

pour ne pas nous confondre avec un autre être, pour ne pas nous projeter si loin hors de notre corps que nous perdions contact avec cette expérience intérieure, avec notre accès vertical. C'est pourtant là que nous sommes rendus. Nous nous sommes projetés si loin hors de nous-mêmes que nous ressentons une confusion profonde. Nous avons l'impression que l'accès au cadeau divin de la vie, de la force créatrice, nous est interdit sans la présence de quelqu'un d'autre.

Éveillons-nous maintenant, en utilisant l'énergie sexuelle, dans le but d'élargir notre conscience pour qu'elle puisse palper la réalité sexuelle à un niveau supérieur et rapprocher les êtres. Il n'est plus temps aujourd'hui de faire taire cette énergie et de vivre de manière isolée. Le divin avance à travers la forme et nous n'avons plus qu'à fermer la boucle pour que notre système des *chakras* permette à l'énergie d'y circuler.

En langage yogi, si l'on affirme qu'il ne faut pas se masturber ou dépenser de l'énergie, le problème ne réside pas dans la dépense elle-même. Il réside plutôt dans la capacité à utiliser cette énergie, parce que les lois universelles disent que la matière ou l'énergie n'est jamais gaspillée. L'énergie sort, que ce soit à un niveau mental des formes-pensées, à celui du sperme, du cœur, ou à n'importe quel niveau. Nous devons permettre à l'énergie de circuler et la canaliser pour nous nourrir. Nous devons permettre la pulsation vers l'extérieur et l'intérieur, qui continue à créer le mouvement et ouvre l'accès vertical.

Sur un plan pratique, si nous discutons de tout cela avec quelqu'un qui cherche la compréhension au niveau sexuel, nous parlons du fluide comme d'un conducteur de l'énergie. Nous avons toujours eu tendance à nous fermer parce que nous ne pouvons pas supporter cette haute fréquence. Nous ne pouvons pas maintenir l'état orgasmique. Nous devons pourtant apprendre à le faire pour permettre à l'énergie de traverser les chambres de la transmutation et de rester en contact avec elle en remontant la chaîne des *chakras*.

Tout d'abord, jaillit le sperme, puis l'essence de l'énergie qui a été libérée. La conscience attrape cette énergie tout juste relâchée et l'attire dans le véhicule multidimensionnel, multicorporel, pour éviter qu'elle ne s'échappe de ce système à travers lequel elle a été canalisée. Idem pour la femme. Lorsque les fluides sont là et qu'ils se mélangent, la femme peut les attirer en elle, connaître la fréquence de cette énergie, et continuer à la faire monter à travers le système jusqu'au *chakra* coronal. En montant jusqu'à la couronne, elle va traverser tous les autres *chakras* et nettoyer le corps. Alors notre conscience va se libérer des séparations du style « Je suis une femme », « Je suis un homme », « Je suis un humain », « Je suis un corps », et entrer vers le point de conception, le centre à partir duquel toute chose rayonne avant même d'entrer dans la pensée.

Je vous parle d'un registre que nous avons à peine considéré dans notre définition de l'illumination. Le but est de connaître tous les registres de la conscience et de ne pas isoler la forme – la matière de la pensée, la matière du divin, la matière de l'énergie. Elles sont toutes reliées entre elles. Elles sont tissées ensemble dans cette trame magnifique et complexe qu'est le tout.

Lorsque vous vous éloignez des concepts gauche-droite, bien-mal, noir-blanc, qui incitent à dire : « Il ne faut pas faire ceci, on ne doit pas faire cela », vous trouvez l'énergie. Dès l'instant où vous entrez dans l'expérience de la fusion avec cette énergie, toute la séparation disparaît. Elle est éjectée par la force centrifuge.

Il existe des lois à tous les registres, dans tous les corps. Des lois sur la façon de fusionner qui font partie des lois physiques. La pénétration anale, par exemple, est contraire à la loi du corps parce que l'anus est prévu pour expulser les déchets du corps. C'est aussi simple que cela. Ne pas tenir compte des expressions fondamentales du fonctionnement corporel entraîne la maladie. Nous devons comprendre la pulsation de l'énergie, comment elle est supposée circuler dans le corps.

Existe-t-il une loi corporelle décrétant que caresser un corps semblable au vôtre soit malsain ? Je ne le crois pas. Il s'agit simplement d'utiliser quelqu'un d'autre pour vous caresser comme vous le feriez vous-même. Mais lorsque nous commençons à saisir qu'il existe des lignes directrices, nous pouvons les sentir en nous. Lorsque quelque chose semble avoir le bon flux, c'est qu'il l'a. Lorsque quelque chose paraît bizarre, inconfortable ou déséquilibré, c'est qu'il n'a pas le bon flux. Si nous le pratiquons malgré tout, nous n'usons pas de notre discernement. Si nous n'écoutons pas, le corps – ce professeur cosmique – se met à parler plus fort. Et c'est la maladie.

Au Light Institute, nous traitons l'homosexualité, et autres types de confusion, en plongeant dans les domaines qui ont produit ces situations. Comment la personne vit-elle la réalité à travers l'homosexualité ? C'est seulement un véhicule d'expression personnelle. Cela est en rapport avec ceux que nous attirons à nous, avec ce qui semble juste, avec le point où nous sommes capables d'opérer la fusion, avec le fait de ressentir ou non la peur. Lorsque quelqu'un vient me voir pour une question d'homosexualité, nous explorons l'équilibre intérieur : comment accepter quelque chose venant de l'intérieur, comme la féminité, et l'exprimer dans le véhicule physique ? Un remaniement des différents corps produit souvent un ébranlement. Il se peut qu'une chose soit « normale » à l'intérieur, mais qu'elle ne le soit plus en arrivant à l'extérieur.

Vous serez toujours attiré par quelque chose qui provoquera des changements en vous. Vous allez peut-être attirer quelqu'un avec qui vous avez un fort karma, qui représente le fil de la similitude entre vous. Il se peut que cette personne ait eu un effet destructeur sur vous à une autre époque. Votre lien sexuel est très fort, mais toujours situé dans cette similitude car elle présente des millions de fils ; nous sommes une trame, un hologramme. Alors à quel endroit de cet hologramme le stimulus est-il donc créé ou activé ? Dans la vie, les gens se limitent souvent aux *chakras* inférieurs, à ne combiner que les corps, à ne fusionner que mentalement. Mais durant les sessions, nous tournons autour de l'hologramme afin que les gens comprennent que c'est la conception, la fusion du non-manifeste et du manifeste que nous cherchons. Nous devons apprendre à nous contacter les uns les autres à travers notre système de *chakras* afin que, lorsque nous fusionnons sexuellement, se produise quelque chose qui élève et ne crée pas uniquement cette déperdition horizontale.

En tant qu'espèce, nous entrons dans un registre espace-temps où nous pouvons abandonner les modèles qui ne nous font pas évoluer ou qui sont désormais dénués de sens pour nous. Mais nous devons également honorer ce que le corps physique nous dit, et ne pas oublier la loi physique en explorant les différents niveaux. Nous pouvons et devons adopter une loi supérieure, pour comprendre que nous ne sommes pas obligés de fonctionner uniquement sur les registres inférieurs.

S'il veut survivre, le véhicule physique doit passer dans le corps lumineux. Il va devoir accélérer sa fréquence ou bien il ne sera pas capable de supporter les radiations auxquelles nous sommes exposés actuellement. Ce n'est que lorsque le véhicule accélère sa fréquence et qu'il est capable d'utiliser l'énergie sexuelle – qui reste le lien entre tous ces corps subtils, entre toutes ces réalités – que nous pouvons assurer la survie car cette fréquence est génératrice de vie.

Si l'énergie spirituelle s'installe et que la conscience est capable de la saisir, il y a libération ; l'énergie s'élève alors à travers les *chakras*. Lorsque cela se produit, le jugement disparaît parce que l'expérience est relâchée. Le jugement ne peut exister que lorsque nous sommes isolés dans une positionnalité. C'est elle qui crée le jugement.

En travaillant à l'intérieur de notre propre système énergétique, nous éliminerons la séparation. Une fois supprimée cette séparation entre le registre inférieur et le registre supérieur, nous permettons à tous les *chakras* de se mettre en mouvement. Alors nous rayonnerons vers toutes les personnes rencontrées. Nous devons augmenter notre énergie sexuelle, pas la bloquer ni la réprimer, mais il faut faire attention à la manière de la canaliser. Notre énergie de guérison va augmenter, ainsi que notre énergie créatrice et notre génie. Nous verrons l'énergie magnifiée, sexuellement et physiologiquement en créant des déclenchements depuis le non-manifeste. C'est un déclenchement glandulaire qui va stimuler l'ensemble de l'appareil uro-génital de façon à ce que notre énergie sexuelle, telle que nous la connaissons dans notre corps, augmente.

Ne vous précipitez pas pour trouver un partenaire avec qui libérer l'énergie sexuelle parce que le registre est trop élevé ! C'est ce qui est arrivé à l'énergie sexuelle au départ, lorsque nous ne savions pas comment utiliser la fréquence électromagnétique de l'orgasme. Mais vous pouvez apprendre à la faire monter à travers tout votre corps pour mettre en valeur les *chakras* supérieurs, promouvoir la santé et connaître les hauteurs extatiques de votre propre création. Pensez combien seront transformées les relations de faiblesse et de dépendance entre les êtres humains !

Tout cela a évolué depuis les années soixante, soixante-dix quand nous avons commencé a explorer l'énergie sexuelle, et à détruire certaines formes-pensées la concernant. Nous avons tenté d'utiliser cette énergie les uns sur les autres, et avons vécu cette libération : « Je vais faire l'amour avec tout le monde. » Pratiqué en dehors de la loi universelle, ce comportement amoureux fut la cause de bien des maladies. Nous nous demandons aujourd'hui : « Mais quelle est la loi ? » Nous commençons à dire que l'énergie sexuelle remonte et que nous pouvons l'utiliser. Les enfants ont une énergie sexuelle profonde ; mais chez eux, elle n'est pas située à un seul endroit, elle rayonne de tout leur corps. Leur champ aurique est plein d'énergie et c'est leur énergie sexuelle : la même que l'énergie de guérison ou de création. C'est pour cette raison que les enfants sont infatigables. C'est grâce à leur énergie sexuelle, et Dieu sait qu'ils en ont pour courir, jouer, sauter et danser ! Mais malheureusement, dans notre cas cette énergie est pompée par les *chakras* inférieurs.

Nous devons parvenir à diffuser notre énergie sexuelle, comme les enfants, pour la faire rayonner. Là encore, la force de vie pure crée un mouvement. Nous devons savoir que c'est normal au lieu de contrôler cette énergie. En tant qu'adultes, nous entrons dans l'énergie et elle descend directement dans les *chakras* inférieurs ; c'est ainsi que nous renions l'énergie sexuelle.

Dans le futur, nous verrons sur cette planète une fusion entre hommes et femmes telle que nous ne l'avons jamais connue. Des notions telles que l'engagement, la responsabilité et le mariage perdront leur sens et n'existeront plus parce qu'elles n'auront plus de raison d'être. Ce ne sera plus une force de résistance (« Est-ce que je vais pouvoir te supporter pendant dix ans, pendant trente ans ? » ou bien « Dois-je vraiment m'engager ? »), mais la reconnaissance des âmes qui apprennent à danser les unes à travers les autres. Nous sommes les uns pour les autres des miroirs, des professeurs et nous pouvons utiliser cela. Nous avons l'habitude de danser. Nous adorons nous refléter les uns dans les autres. Alors reflétons-nous à des registres supérieurs pour que, en regardant vers l'autre, nous puissions y voir l'homme et la femme. Voir l'autre dans sa totalité pour pouvoir fusionner avec lui sans résistance, sans peur d'être consumé par la force *yang* ou bouleversé par une tierce personne.

Nous vivons une époque particulièrement intéressante du point de vue de l'énergie sexuelle, nous pouvons la regarder en face, en dehors de tout ce qui est innommable, et voir ce qu'elle est véritablement. C'est l'énergie la plus magnifique, la plus puissante que le monde matériel ait à disposition, parce que c'est la plus proche du non-manifeste, de l'esprit. Dès que nous apprendrons à la voir ainsi, nous saurons comment la trouver sur ce registre, au lieu de rester bloqué dans une énergie très physique aux vibrations lentes, et qui n'a rien à voir avec le cœur. Lorsque nous parviendrons à élever les énergies des *chakras* inférieurs vers le cœur, vers les registres supérieurs, nous vivrons, sur cette planète, les plus profondes expériences.

C'est pourquoi nous avons beaucoup à apprendre de disciplines comme le yoga, qui commence par nettoyer les *chakras* afin d'accélérer l'énergie aux vibrations les plus lentes. Nous traitons notre corps comme s'il était la partie la plus lente, la plus dense et la plus méprisable de notre être. C'est faux. C'est le plus beau cadeau que nous ayons reçu, et nous devons l'utiliser de manière sacrée. Cela commence par la façon dont on fusionne avec quelqu'un, ou même dont on le touche. Sur certaines planètes, les êtres ne se touchent jamais. Nous possédons une magnifique dimension physique, et nous devons l'utiliser avec l'énergie de notre corps, avec l'énergie de l'amour. Lorsque nous y parviendrons, la maladie disparaîtra.

Tous les êtres supérieurs qui ont vécu sur cette terre, qu'ils appartiennent à un ordre religieux ou autre, ont bien compris le pouvoir de l'énergie sexuelle. C'est pourquoi ils ont fait en sorte que personne ne l'utilise. Car en le faisant on découvrait le moyen de franchir la barrière. Il est très difficile, au moment de l'orgasme, de rester fixé sur le mental fini qui contrôle tout. C'est le seuil d'une autre dimension.

Personne d'autre que vous n'influence votre corps. Tant que vous ne le posséderez pas, personne ne pourra rien pour vous. C'est ce qui s'est passé dans les années soixante. Nous pensions : « Mon problème, c'est ma femme. Nous sommes mariés depuis vingt ans et je m'ennuie. » Nous pensions pouvoir trouver un stimulus chez quelqu'un d'autre. C'était une erreur et nous nous en sommes rendu compte. En faisant l'amour chaque jour avec une personne différente vous ne serez pas comblé, vous ne connaîtrez pas l'état orgasmique. Le stimulus n'est pas ailleurs, chez l'autre ; et peu importe la beauté du corps ou la perfection de la technique, cela n'a rien à voir. L'énergie, en circulant, entre en vous. Soyez-en conscients lorsque vous faites l'amour, lorsque vous utilisez votre énergie sexuelle.

L'énergie sexuelle loge dans chaque cellule de notre corps, elle n'est pas enfermée dans les organes génitaux. Cette découverte est l'une des plus fascinantes que nous ayons faites depuis que nous jouons à ce petit jeu sexuel du « qui est-ce » – toi, moi et vous tous. Elle a généré le genre de maladies que nous connaissons aujourd'hui, justement parce que nous pensions que l'énergie sexuelle était limitée aux organes génitaux. Mais la conception a lieu et toutes les cellules créées après cela contiennent une empreinte sexuelle. Lorsque nous élevons cette énergie, nous pouvons nous en servir pour devenir de grands guérisseurs. Elle n'est pas si différente de la guérison. C'est la force de vie, elle se nomme divine, elle se nomme Dieu. C'est simplement une force d'énergie avec laquelle nous pouvons éveiller notre conscience. Elle est présente dans nos doigts, dans nos mains. Il faut apprendre à la sentir en nous. Nous n'y parviendrons pas avec quelqu'un d'autre avant d'être parvenus par nous-mêmes.

Si vous n'êtes pas orgasmique, si vous faites l'amour sans jouir, c'est parce que vous niez cette force de vie. Vous n'avez pas fusionné avec votre corps. Vous fonctionnez toujours avec de vieux modèles : « C'est dégoûtant », « Cela n'est pas Dieu », « Cela n'est pas bien ». Dieu est extase, Dieu est orgasme, Dieu est force de vie. Rien ne nous retient sinon la croyance que tout est dans les organes génitaux. Lorsque nous ressentons cette énergie orgasmique, l'énergie électromagnétique, cette fréquence électrique qui monte au moment de l'orgasme, nous devons l'attirer en nous, la saisir et la faire rayonner depuis notre *chakra* supérieur. C'est cela l'énergie sexuelle : un véhicule qui aide notre corps à se mettre sur ces fréquences. C'est à cela qu'elle sert. Pas à créer la séparation ou à représenter le mal, le bien, etc. Elle est à notre disposition et c'est l'une des rares choses dont nous puissions tous faire l'expérience.

L'un des résultats merveilleux du travail sur les vies antérieures, c'est que, lorsque quelqu'un voit un être aimé, sa réaction est : « Ah, je le connais déjà. J'ai une attirance magnétique. Je dois répondre à cette attirance. » Nous pensons que tout se passe en bas, dans les organes génitaux. Or c'est en haut, dans le cœur. La connaissance se situe dans le cœur. Nous nous sommes tous connus auparavant. Lorsque vous avez cette réaction électromagnétique vis-à-vis de quelqu'un, vérifiez-là au niveau de la fusion. Il arrive si souvent que deux êtres s'unissent physiquement et se séparent sans même savoir qu'ils se connaissaient déjà. Ils créent une nouvelle séparation au lieu de l'amour, au lieu de la fusion, parce qu'ils projettent toujours sur l'extérieur. Vous ne pourrez pas fusionner tant que le cœur ne s'ouvrira pas. Et le cœur collectif n'est pas encore ouvert sur cette planète. Nous pouvons aujourd'hui utiliser cette énergie sexuelle comme le plus merveilleux diapason dont nous disposions au plan physique.

Peut-être certains d'entre vous ont fait l'expérience de l'orgasme cosmique, de cette énergie qui monte en vous. Alors toutes les dichotomies mâle-femelle s'écroulent. C'est fou ce qu'on se sent libéré. On n'éprouve plus le besoin d'un partenaire, et on ne peut d'ailleurs pas vraiment l'obtenir de son partenaire. Mais on peut s'aider l'un l'autre. Si on devient conscient de sa sexualité, on peut se fixer par exemple sur les fluides en présence. Ils font partie du corps. En échangeant ces fluides avec votre partenaire vous remarquez qu'ils contiennent de l'électricité ; c'est l'énergie électromagnétique de la fusion, de l'entrée dans le corps. Ils contiennent la fréquence électrique du non-manifeste.

Au lieu de vous fixer surtout sur le résultat final comme quelque chose que vous désirez obtenir ou comme un moyen de vous libérer d'une énergie ou d'une tension, élevez votre conscience et attachez votre attention à un niveau plus raffiné. Pour y parvenir, la clé est d'entrer dans ces fréquences, dans l'électricité. On a appelé le new age « l'âge de la fluidité électrique », c'est exactement cela. Entrez dans ces fréquences et vous comprendrez la conception. À partir de là, vous ressentirez une grande libération vis-à-vis des interdits. Cette énergie vient de vous-même. Et vous pouvez l'utiliser de mille manières : avec vos mains pour soigner, votre bouche pour exprimer l'amour, etc. Si nous ne l'utilisons pas, la maladie nous guette. Toute maladie est contraction, constriction, congestion d'énergie. Vous pouvez conserver votre énergie si vous comprenez le mécanisme du corps.

L'énergie sexuelle est la première énergie à nous propulser dans cette dimension. En en comprenant la signification, nous utiliserons cet outil de la manifestation et apporterons dans cette dimension ces pouvoirs de guérison qui feront disparaître la mort, les radiations, la pollution, la détresse et les désaccords. L'énergie sexuelle est une énergie merveilleuse. Élargissez vos formes-pensées, votre conscience avec cette énergie.

Notre travail à l'Institut a pour but d'englober toute la question sexuelle et de rappeler aux gens que nous sommes multidimensionnels. Cette approche intérieure propose de nombreuses possibilités pour définir l'être. Nous n'avons pas, par exemple, à définir ou à discuter l'homosexualité en termes de « est-ce correct ou pas ? ». Nous regardons plutôt comment quelqu'un utilise cette homosexualité en fonction des thèmes ou des choix qu'il ou elle a faits pour cette vie-ci. Il importe peu que vous ayez des rapports sexuels avec une personne qui a le même corps, puisque, en tant qu'êtres multidimensionnels, nous avons eu beaucoup de corps différents, et il existe plusieurs façons de fusionner avec les autres. Tout d'abord, reconnaissons que le choix de l'homosexualité, celui de ne fusionner qu'avec ceux du même sexe, n'est pas aussi intéressant que de savoir comment cela aide la personne à évoluer. La vérité, c'est que le concept même de « fusion » est hors de la gamme de l'expérience humaine actuelle, sans tenir compte des préférences sexuelles. Si nous pouvions fouiller dans « l'anatomie de la fusion », ne serait-ce qu'avec un seul de nos corps, et la vivrc dans son cssencc, toutc confusion ct toutc maladic disparaîtraicnt.

Si un homosexuel ressent la séparation, la confusion et la culpabilité, ces sentiments se situent dans sa propre réalité multidimensionnelle. La sexualité est un moyen de les extérioriser. C'est une manière assez primaire de l'exprimer, mais pourtant cela dépend des choses de l'esprit.

Notre énergie sexuelle est la plus proche de l'énergie spirituelle. Nous devons donc observer notre énergie sexuelle en fonction de ses liens avec notre énergie spirituelle. Sinon cela demeure juste une façon d'exprimer la séparation. La séparation fondamentale dans notre vie est celle qui existe entre nous-mêmes et notre être divin. Une rencontre sexuelle sans fusion se fait l'écho du plus grand vide imaginable. Il est intéressant de remarquer qu'avant la puberté, les enfants sont rarement solitaires. C'est seulement après que la puberté a éveillé le *kundalini* – si mal compris, si mal orienté et si mal guidé dans l'activité sexuelle, au moment où nos précieuses essences sont gaspillées – que nous ressentons cette horrible solitude de l'adolescence. Celle-ci résulte des discussions du mental au sujet des notions « mâle et femelle ». Nous avons une compréhension claire ou confuse de cette dichotomie suivant ce que cela crée dans notre vie. Si c'est l'amour et la fusion, alors c'est compris. L'homosexualité traite directement avec les énergies mâle et femelle qui cherchent à s'exprimer dans le corps. Sur certains registres, à certains niveaux, l'homosexualité peut correspondre à une compréhension spirituelle très avancée. Qu'est-ce que l'homosexualité (ou tout autre comportement sexuel) produit dans la réalité d'une personne ? La sexualité, comme la haine, le mental ou le corps ne sont que des outils que nous choisissons pour modeler, affiner notre expérience du « tout ».

En médecine chinoise, tout est lié à tout. Le *yin* ne peut survivre sans le *yang*, les polarités doivent fusionner ou alors la vie perd sa cohérence. Dans toute discussion d'ordre sexuel, la question doit être : « Que créez-vous pour vous-même dans cette histoire ? » L'un des principaux problèmes de l'homosexualité c'est que, très souvent, elle suractive l'énergie *yang*, qui contrôle. Quel déséquilibre de véhiculer une image de force *yang* alors que le *yin*, à l'intérieur, crie pour se faire entendre ! Lorsque nous travaillons avec ce genre de personnes, nous cherchons à savoir où se situe la « faim », quelle partie de l'être n'est pas nourrie.

En nous incarnant dans un corps, nous optons pour mâle ou femelle et, en fonction de cela, nous tentons d'exprimer notre sexualité à travers cette polarité. Nous cherchons à satisfaire nos besoins par la plus lente des vibrations du premier *chakra*, mais cela ne marchera pas. Nous devons insuffler de l'énergie spirituelle pour lui permettre d'embraser l'énergie sexuelle avec une puissance différente. Non seulement elle ferait éclater le premier *chakra*, relâchant du même coup la colère, la séparation et le sentiment du « Je dois me protéger », mais elle ferait monter l'énergie, nourrissant au passage tous les autres *chakras*. Elle permettrait ainsi au nouveau potentiel d'entrer dans la fusion au niveau du contact sexuel, ce qui représente le registre le plus élevé du corps physique.

Parce que l'esprit n'est pas présent, parce que le non-manifeste, l'âme, ne peut pas s'exprimer suffisamment ou alors seulement sous le diktat du corps émotionnel (au lieu de celui de la force-Dieu, de celui de sa création), le corps physique ne manifeste pas la lumière. Nous sommes maintenant prêts à faire cela. Nous sentons que c'est pour cela que nous avons été créés. Sinon, nous mourrons.

Nous sommes des corps lumineux. Nous vivons actuellement une période transitoire où nous pouvons passer dans la liquidité. C'est elle qui nous permet d'entrer dans le physique, pour que le corps purifie les liquides et permette à la lumière de pénétrer. C'est ce dessein divin que notre corps physique doit accomplir. Il n'y a que le poids du corps émotionnel qui nous bloque et, parce que c'est un circuit fermé, le corps émotionnel orchestre et contrôle le mental. L'ego s'installe dans le corps mental qui peut alors continuer indéfiniment sur cette voie, sur un plan horizontal. Le corps mental est effectivement sans défense puisque le corps émotionnel ne lui donne pas les moyens de s'en sortir. Il ne lui donne pas le cadre de référence qui lui permettrait d'explorer l'accès vertical.

L'accès vertical correspond à notre énergie sexuelle circulant dans notre corps, montant à travers les *chakras* pour nous mettre en contact avec la source. Si nous le choisissons nous vivrons l'extase. Nous sommes prêts à faire voler en éclats nos confusions sexuelles et nos dépendances émotionnelles. Nous sommes prêts à fusionner avec le divin, avec le non-manifeste, avec notre je supérieur.

## 8

# L'ENFANT QUI EST EN NOUS

**La sagesse intérieure des gens va les guérir ; leur connaissance intérieure les amènera à l'équilibre.**

Le moment est venu de parler des images, des points de passage vers d'autres dimensions, vers d'autres registres. Nous les utilisons pour palper, pour enregistrer avec notre conscience ce qui est intouchable, insaisissable, imperceptible à partir de notre perspective humaine habituelle. Les deux points pivots sur lesquels nous travaillons sont : *l'enfant qui est en nous* et *le je supérieur*.

En s'enroulant autour de son intention profonde, l'âme crée la matière et entre dans la forme. L'enfant qui naît est un pont ouvert vers l'inconscient, le non-manifeste, l'âme multidimensionnelle. Les bébés sont magnifiques. Ils ont toujours le regard fixé vers l'espace, dans les yeux de leurs bien-aimés, de leurs âmes-compagnes, de Dieu. Nous avons tous entendu dire que les yeux sont les fenêtres de l'âme, or l'âme est très présente chez les enfants. Lorsque vous observez leur visage, vous pouvez voir leurs vies antérieures, leur karma. Vous pouvez voir celui qui est heureux et celui qui ne l'est pas, vous pouvez voir bouger la connaissance profonde de l'enfant.

En touchant l'enfant qui est en nous, nous avons accès à ce pont. Il a peut-être été fermé lorsque vous aviez deux ans, ou sept ans. Mais il n'est pas écroulé. Simplement fermé, déconnecté de vous. Il est juste enveloppé, comme un papillon dans son cocon. Comme l'ont dit tous les grands sages : « Devenez un enfant et vous connaîtrez Dieu. » Lorsque nous trouvons l'enfant intérieur, nous descendons très profondément dans le répertoire émotionnel. Nous demandons à la personne de faire remonter une image de l'enfant intérieur pour accéder à ce pont de l'expansion qui nous amène à des joies simples. Nous trouvons des réalités que nous pouvons enregistrer, comprendre et, surtout, auxquelles nous pouvons accéder au niveau de l'expérience. Car quel est l'intérêt d'une autre dimension si nous n'y avons pas accès ? Quel intérêt peut présenter quelque chose que nous percevons mais sans incidence sur notre vie présente ? L'enfant, très imaginatif, ne gaspille jamais l'expérience.

Aujourd'hui, et pour la première fois de notre histoire, nous avons la capacité d'accéder à ces niveaux, à ces dimensions dans lesquelles nous pouvons précipiter le non-manifeste dans les différents véhicules actuels, dans cette réalité. Ainsi nous posséderons un pouvoir de création jamais atteint auparavant. S'il est très important d'accéder à ces registres, les relier par des « ponts » l'est encore plus. Il ne servirait à rien de devenir un « paumé » quelque part, de chercher une drogue dont vous pensez qu'elle fera tout le travail pour vous : vous ne réussirez qu'à faire des trous dans votre champ aurique. Il n'y aura aucun espoir d'assimiler la richesse inexploitée et disponible pour nous dans le non-manifeste, tant que nous n'y accéderons pas avec une intention claire et consciente, pour l'amener dans ce monde.

Il n'existe pas d'accès intérieur à votre être intérieur. Il n'y a que votre être intérieur, qui fait tout pour se faire entendre, et qui attend, attend toujours que vous tourniez autour de l'hologramme de votre être et fixiez votre attention pour assimiler ces connaissances, ces dimensions qui vous rappellent le divin.

Au fur et à mesure que nous visualisons et augmentons nos outils de perception, nous découvrons que le langage de l'inconscient est tout en symboles. En retirant des formes de ce grand bassin à remous, nous donnons une forme à ce qui n'en a pas pour pouvoir entrer dans les registres de traduction, élargir la compréhension, et utiliser tout cela comme carburant de notre évolution. Nous pouvons entrer dans l'expérience de l'enfant parce qu'il est le symbole vivant le plus proche, le plus intime, le plus palpable. C'est le même pont dans le temps qui permet au corps émotionnel d'entrer en contact avec le je supérieur, avec l'âme. Comme l'ont dit les grands maîtres : « Suivez le petit enfant. » En fusionnant avec l'enfant qui est en nous, nous pouvons élargir le répertoire de notre corps émotionnel, en permettant à l'enfant de passer des expériences de la peur, de l'angoisse et du déséquilibre, à celle de l'équilibre. Nous commençons à apprendre la technique, à savoir quel est le chemin, à comprendre que nous pouvons, à tout moment, retrouver l'équilibre. Ainsi, nous sommes en contact avec notre je supérieur divin.

Lorsque nous parlons de l'enfant, il s'agit de ce pont vivant qui est l'être le plus sage avec lequel nous puissions entrer en contact sur ce plan. À un moment donné, l'enfant a simplement été retiré de notre réalité physique. Nous avons tous été des enfants, nous avons tous des souvenirs d'enfance, ces expériences du corps émotionnel, palpables et rayonnant toujours de nous. Ces expériences ont consolidé et cristallisé les empreintes à partir desquelles nous faisons fonctionner notre cadre de référence. Celui-ci détermine notre personnalité et notre mode de fonctionnement dans cette vie. Lorsque nous établissons un contact avec cette entité, nous pouvons remplacer le projet du corps émotionnel par celui de notre je cosmique, riche d'un amour plus profond. L'enfant nous rappelle que Dieu sait rire.

Le corps émotionnel entre d'abord en contact avec l'enfant. En travaillant sur l'enfant (qu'on peut palper, qui est proche de nous et reconnaissable, qui n'est pas en dehors de notre actuel cadre de référence, même pour le mental fini), nous sommes ensuite capables de passer dans le véhicule suivant, le registre de l'expansion qui établit le contact avec notre je supérieur. L'enfant est un personnage central pour nous, et provoque toujours une libération émotionnelle, parce que toutes les images et les expériences qui nous reviennent de l'enfance sont enfermées dans cette entité que nous nommons « l'enfant qui est en nous ». Grâce à sa pureté, nous rétablissons notre lien avec des états naturels d'extase : l'émerveillement, la joie.

Très exceptionnellement, une personne fera remonter un enfant de sexe opposé. Lorsque c'est le cas, cela peut signifier plusieurs choses. Par exemple qu'une vie antérieure empiète sur la vie actuelle et que la conscience de la personne est toujours attachée à cette autre vie. Ou alors que dans une autre vie la personne est partie très tôt – en mourant bébé ou jeune enfant – et qu'elle en est toujours troublée dans sa vie actuelle. Souvent, cela signifie que l'esprit, c'est-à-dire la composition astrale, est enfermé dans la dimension astrale, alors que la conscience revient avec le même corps que celui abandonné par la personne. Mais ce n'est pas là que se situe l'âme. Les gens peuvent revoir les corps qu'ils avaient avant s'ils les ont quittés très tôt, mais l'âme demeure dans cette vie-ci. Il arrive que l'enfant intérieur d'un autre sexe s'adresse à leur bisexualité d'une vie antérieure sous l'apparence du sexe opposé.

Si l'enfant intérieur remonte dans le sexe opposé, nous le suivons pour trouver où il apparaît et nous l'explorons dans le cadre des sessions sur les vies antérieures. Mais nous pouvons commencer à panser cette plaie tout de suite. Si la personne est une femme et qu'elle fait remonter un garçon, il se peut qu'elle se voit petit garçon parce qu'elle porte une empreinte qui dit : « Tu aurais dû être un garçon. » Peut-être que, durant toute la grossesse, sa mère se répétait : « Ce sera un garçon. » Lorsque la femme se retrouve en session et commence à écouter son inconscient, elle entend : « Eh bien je suis un garçon. Il le faut, sinon je ne serai pas aimé, je ne serai pas bien reçu. » Nous voulons palper la source de tout cela. Cela provient-il d'une confusion sexuelle ? D'empreintes parentales ? D'une force *yang* qui considère simplement l'enfant comme un garçon ? Nous la laissons vivre cet épisode garçon et offrons un cadeau à l'enfant. Lorsque l'enfant reçoit le cadeau, nous observons s'il se transforme en fille. Lorsqu'un enfant entre en état d'équilibre ou est autorisé à exprimer sa nature sexuelle, un déclic peut se produire.

Nous devons voir ce que signifie l'homosexualité ou notre activité sexuelle depuis le registre spirituel, avec une perception étendue. Lorsque nous observons l'hologramme, les annales *akashiques* d'une personne, le jugement ou la peur disparaissent. Nous voyons holographiquement tous les gens avec qui nous travaillons. Nous avons affaire au corps émotionnel, mais aussi aux corps physique et mental. Ils sont tous imbriqués les uns dans les autres mais sont distincts. Ils ont chacun leur conscience. Un seul corps ne peut pas faire passer un jugement ou sa vision de la réalité car il doit compter avec tous les autres. Ils sont tous de concert, bien que nous n'en soyons pas toujours conscients.

C'est pourquoi nous sommes ici, pour unir les corps afin d'obtenir un véhicule intégral par lequel une personne puisse exprimer l'énergie spirituelle non manifeste, ou la pensée pure, l'activité physique, ou les vibrations émotionnelles. Ceci est primordial. Nous devons pouvoir connaître sur quatre niveaux, au moins quatre dimensions, chaque personne à qui nous parlons, que nous écoutons, et que nous touchons. Nous jouons de ces quatre-là avec nos capacités conscientes.

Nous appelons cela l'illumination, mais notre idée de l'illumination est très rudimentaire. Nous devons être capables de travailler avec ces quatre fréquences. Chaque fois que nous touchons un corps physique, nous touchons une vie antérieure, un être multidimensionnel, nous touchons l'esprit. Nous devons accorder nos mains à cette notion pour pouvoir, lorsque nous touchons quelqu'un, le sentir véritablement. Que veut exprimer le corps émotionnel par ce véhicule, en dessinant un véritable gros, mince, petit ou grand ? Il s'imprime lui-même : ses émotions, son esprit. Il faut que nous soyons conscients de ce qu'il veut dire pour guider la personne autour du cercle. Nous devons toujours être conscients de la polarité ; c'est une telle contraction. Elle n'englobe pas la vérité.

Notre travail consiste à aider les gens à connaître la vérité en les faisant évoluer. Ils voient toujours l'impossible : « Si j'étais untel, ou ceci ou cela, alors je pourrais être... » Nous devons les sortir de ce schéma. Nous devons les aider à se décristalliser de ces modes de fonctionnement qui les bloquent dans un registre ou un autre. Peu importe que le registre soit mental, émotionnel ou physique. Si une personne a un enfant intérieur du sexe opposé, nous savons à quoi nous en tenir et nous travaillons là-dessus. Nous devons tous accepter le corps que nous avons choisi. À la fin de chaque session, ils se verront dans leur véritable corps. Parce que si une personne continue à se voir dans le corps d'un homme alors que c'est une femme, on ne pourra rien résoudre. Il n'y aura pas fusion, mais séparation et jugement, et elle restera bloquée.

Finalement, les gens adoptent l'enfant en eux, sans se soucier de ce qu'il est, et bien qu'il soit passé par différentes transmutations. Normalement, l'enfant va faire cette transmutation dès qu'il sera identifié dans sa globalité. Si un enfant intérieur d'un homme est de sexe féminin, l'équilibre énergétique est très profond. Avec un peu de chance, il aura progressé par lui-même. En d'autres termes, l'enfant aurait à la base demandé un cadeau permettant à l'énergie *yin*, femelle, de s'installer. Si l'enfant travaillait avec la couleur, il aurait demandé une couleur *yin*, quelque chose qui symbolise l'équilibre.

La sagesse intérieure des gens les guérira, leur connaissance intérieure fera les choix qui les mèneront à l'équilibre. C'est pourquoi je parle de « guider le témoin ». Tout ce que nous désirons, c'est les amener à l'endroit où ils seront en mesure d'effectuer le travail nécessaire pour avancer. Nous n'intervenons pas. Nous créons simplement l'hologramme autour duquel ils peuvent tournoyer jusqu'à trouver ce dont ils ont besoin. Ils finiront toujours par le trouver. Les choix que font les gens sont stupéfiants : les symboles qu'ils demandent, les cadeaux qu'ils désirent, et les couleurs n'ont jamais à leur être suggérés de l'extérieur.

Les gens choisissent à chaque fois exactement ce qu'il leur faut. La vie antérieure qu'ils vont revivre est justement celle dont ils ont besoin. S'ils sont du genre à se faire remarquer dans leur vie actuelle, ils vont remonter dix vies antérieures où ils étaient des petites gens, jusqu'à ce qu'ils comprennent que les faux-semblants sont inutiles.

Lorsque l'enfant nous parle avec sa sagesse, lorsqu'il nous parle de savoir, et fusionne dans notre conscience en revenant dans notre expérience présente, une guérison profonde s'opère automatiquement – on détache le corps émotionnel. C'est peut-être la première expérience de fusion avec le je, parce que lorsque nous revivons vraiment notre enfance jusqu'à un certain stade, des tas de portes s'ouvrent à notre je supérieur, à notre je divin. Enfants, nous entrons et sortons de notre corps. Notre conscience va dans d'autres fréquences et d'autres registres jusqu'à l'âge d'environ sept ans. Puis la présence de nos pairs et la vie quotidienne prennent forme dans notre conscience jusqu'à un certain degré, et enfin nous nous glissons dans la présence tridimensionnelle, en nous éloignant de plus en plus de notre multidimensionnalité. Avant cette époque, nous sommes plus libres, comme le bébé qui a les yeux fixés dans l'espace, déplaçant facilement sa conscience de ce monde à un autre monde.

La fusion avec cet enfant représentant la sagesse, comprenant les raisons de notre présence ici, sachant ce qu'il nous faut pour trouver l'équilibre, est une expérience très émouvante. Elle nous permet d'attirer l'attention de notre ego ou de notre conscience extérieure, pour la placer dans un endroit intérieur où l'on puisse entrer en contact avec les registres naturels de joie et d'émerveillement. L'enfant est un être naturellement capable d'émerveillement, un être qui connaît la légèreté, qui ne retient pas la douleur. La fréquence de l'enfant est trop élevée pour conserver ces émotions sombres, pesantes, même lorsque le monde extérieur commence à empiéter sur celui de l'enfance : les empreintes adultes comme l'angoisse, la peur, la colère. L'état naturel de l'enfant est de lâcher prise parce que l'enfant vit dans le modèle cérébral de l'hologramme. Même si un moment il connaît la peur ou l'angoisse, il peut, le moment suivant, se laisser émerveiller. L'enfant qui est en nous peut nous offrir ce cadeau, nous rendre cette mémoire, cette expérience de l'émerveillement, qui élève toujours le registre du corps émotionnel. Lorsque nous faisons l'expérience de l'émerveillement, nous oublions la peur, et pouvons ainsi embrasser notre être divin. Dès que nous le rencontrons, nous abandonnons le jugement. Cela se produit énergétiquement. Nous pouvons le palper, le vivre, le reconnaître. Nous commençons à tisser l'hologramme de notre je multidimensionnel.

En utilisant l'exemple de l'enfant, nous employons des modèles qui permettent aux gens d'utiliser un véhicule pour ce contact, une sorte de poignée sur le chemin qui mène à ces fréquences, à ces registres. Les gens peuvent retourner plus tard à ces réalités sans guide, sans rituel, sans aucune intervention extérieure, simplement en retrouvant l'enfant qui est en eux. Depuis ce registre, nous pouvons continuer à introduire des niveaux élevés d'émotions – pour l'instant inconnus sur cette planète –, des états extatiques qui ne font pas encore partie de notre cadre de référence. L'enfant qui est en nous représente donc un pont merveilleux dans notre processus d'évolution.

*Nous préparions notre première cérémonie de remise des prix au Light Institute. Nous voulions qu'elle soit non seulement la célébration d'un nouveau démarrage, mais aussi un point d'exclamation à notre capacité à manifester les domaines éthérés. Nous voulions relever un défi au niveau de la manifestation. Depuis l'enfance, j'ai toujours eu un petit quelque chose en moi qui cherche l'impossible, le miracle. J'ai toujours su qu'un jour ou l'autre nous réussirions à faire des miracles, comme cela avait été prédit.*

*Avec des étincelles dans les yeux, je proposai une marche sur le feu. La marche sur les braises incandescentes est une bonne illustration de la manière d'amener dans la réalité de l'expérience les « impossibles » de notre mental fini. J'étais ravie que mes futurs collègues acceptent cette « initiation par le feu ».*

*Bien sûr, j'avais déjà vécu ce genre d'initiation et j'avais déjà pratiqué dix-neuf fois la marche sur le feu. Pour braver mes propres limites, je proposai de passer la première. Celui qui m'a enseigné à marcher sur le feu m'a toujours dit que c'était très difficile de passer le premier parce que le cerveau enregistre tout ce qu'il pense possible mais, sans le cadre de référence initial, sans cette séduction de l'esprit, cela requiert un plus haut degré d'attention. Je désirais non seulement me placer dans cette position d'attention accrue, mais j'avais aussi l'intention de « glisser » sans effort à travers le feu, au lieu de me précipiter de l'autre côté comme je l'avais fait auparavant.*

*Je n'allais pas me dépêcher pour traverser, comme pour chercher, en me déplaçant plus vite, à neutraliser les effets de la peur. Je voulais annihiler complètement ma peur et marcher dans un état de grâce complète.*

*Nous nous préparâmes par des exercices initiaux. Nous étions environ quarante-cinq personnes, parmi lesquelles trois de mes enfants : Karin, qui allait être initiée en tant que collègue ; Megan, treize ans ; et Teo, six ans. Je n'avais jamais vu un feu aussi chaud, il lançait des flammes de cinq mètres de haut, et la personne qui s'en occupait s'en tenait bien éloignée. Il fallut attendre trois heures, que les flammes redescendent suffisamment pour laisser un lit de braises s'étendant sur plus de cinq mètres. J'eus un moment d'inquiétude en me demandant si ma petite Teo allait pouvoir garder sa concentration sur une telle distance.*

*Debout, en cercle, les mains jointes, nous entourions les braises, maintenant d'une belle couleur jaune-blanc. La couleur indiquait qu'elles avaient atteint leur température maximale ; elles me paraissaient douces et apaisantes, presque hypnotisantes. J'avais l'impression d'être faite de la même substance. Je brisai le cercle pour faire les premiers pas sur le lit de braises. Sur mon visage, je sentis le vacillement des flammes d'une bûche qui n'était pas encore en braise. Fixant mon regard sur un endroit de l'autre côté, je commençai à me diriger vers lui. Je sentis comme une brise montant et descendant doucement alors que je me déplaçais le long du chemin et, après un moment hors du temps, j'arrivai de l'autre côté. Une allégresse et une joie extatiques envahirent tout mon être. Je dus lutter contre mon corps pour l'empêcher de sauter en l'air... puis arriva le tour d'un autre. À ma grande surprise, Megan s'avança. Je me souviens que ma respiration et mon cœur s'apaisèrent. Je regardais sa grâce juvénile alors qu'elle traversait avec une sûreté qui me mit les larmes aux yeux. Elle fit demi-tour pour venir à côté de moi et, d'une voix sûre et riche de connaissance, elle lança : « Maman, je ne mourrai jamais du cancer. Peut-être même que je ne mourrai jamais ! »*

*La profondeur et la rapidité avec lesquelles elle assimila cet exercice de marche sur le feu me coupa le souffle. Les gens commencèrent à s'approcher des braises plus rapidement, et je sentis qu'un modèle d'énergie grisante commençait à se former. Teo me prit soudain la main et m'attira vers le feu. Nous commençâmes à traverser ensemble. Aux deux tiers environ, elle murmura : « Maman, ça commence à être chaud. » Je répondis : « Tu peux le faire, Teo, tu peux y arriver », et nous arrivâmes de l'autre côté. Elle se jeta dans le bassin d'eau qui nous attendait. C'était trop fort pour moi. J'étais ivre de joie et poussai un petit cri. Tous ressentaient la même allégresse et les gens commencèrent à se donner la main par deux et à traverser le feu.*

*Même si certains d'entre nous eurent à souffrir de quelques ampoules, nous avons tous partagé un sentiment de puissance. Nous formions véritablement un groupe d'« intouchables ». Je me souvins des premiers jours au Peace Corps, lorsque nous ressentîmes tous cette « intouchabilité », comme l'impression d'appartenir à quelque chose de bon et de joyeux : une force de lumière.*

## 9

## LA MANIFESTATION

**Le je supérieur est le porte-voix de l'âme ; il peut transmettre aux émotions les vibrations de l'âme.**

Dans cette vie, il est très important de créer des ponts pour amener le non-manifeste à se manifester. Nous avons le schéma : nos corps en sont la preuve. Nous sommes venus du néant de la pensée, puis il y a eu le fluide, puis une attirance entre l'homme et la femme. Ils ont fusionné et créé la première cellule. C'est elle qui contient les codes d'origine grâce auxquels vous et moi sommes ici aujourd'hui. Vous avez sélectionné ce code génétique, avec tous les souvenirs de vos expériences passées, présentes et à venir, contenues dans votre conscience en évolution permanente et que vous avez également choisie. La conception est une méditation, c'est une grande sagesse.

Nous sommes venus sur terre à un endroit où nous pouvons fixer notre attention sur la conception et manifester une fleur. C'est la même énergie. C'est puiser dans l'énergie contenue par le non-manifeste, pour la mettre dans une forme. C'est notre droit inaliénable. Il a toujours existé, et c'est comme cela que nous sommes arrivés sur terre. Nous en avons le souvenir au niveau cellulaire. Méditez sur une cellule, méditez sur le moment de la conception, où le divin est entré dans le temps et l'espace, où le néant est devenu matière. Ce point de conception correspond au point central du chiffre huit, le centre de l'univers. C'est notre énergie spirituelle. Nous devons nous souvenir de ce point pour amener le non-manifeste à la conscience. Nous pouvons utiliser l'enfant intérieur pour traverser le pont, dans un sens et dans l'autre, parce que l'enfant n'est pas attaché à son nom ni au monde extérieur, il se déplace librement.

Il y a plusieurs années, j'ai organisé une école d'été bilingue à Galisteo, et je me souviens que nous avons utilisé la technique de *Silva mind-control* pour faire une étude, car bien des enfants de Galisteo étaient en situation d'échec scolaire. Il nous intéressait de savoir ce que les enfants voient lorsqu'ils regardent un autre être humain. Nous observions le corps d'un inconnu, et les enfants étaient dissipés, agités, regardaient par la fenêtre. Je disais : « Alors, que voyez-vous ? » Et eux de répondre : « Oh, ce monsieur a une petite tache noire juste là. » Ils ne connaissaient pas les mots, mais ils savaient ce qui bougeait et ce qui était statique parce qu'ils étaient en état permanent de « voyance ». Ils pouvaient voir les maladies dans le corps ! Ils avaient toujours accès au pont, ils étaient capables, à tout moment, de traverser et de voir d'autres réalités. Nous, les adultes, possédons toujours cette capacité enfouie en nous. À tout moment, si nous désirons savoir quelque chose, nous pouvons traverser et voir d'autres réalités. Nous sommes complets.

Tout ce que nous vous dirons, moi ou quelqu'un d'autre, vous le savez déjà. Vous l'avez simplement oublié. C'est juste votre je supérieur qui vous renvoie l'écho pour que vous puissiez dire « Je sais cela ». Et qu'est-ce que savoir ? C'est vivre, faire l'expérience, fusionner, être un tout. Lorsque nous fusionnons avec l'enfant qui est en nous, nous avons accès à tout et nous lui donnons une forme. Ce faisant, nous sommes face à des choix. Nous parvenons à rester éloignés de notre jugement, de notre ego, nous laissons entrer le savoir en tant qu'énergie pure, pour lui donner forme et créer la réalité.

Nous pouvons utiliser le concept – la vérité de la conception – pour arrêter un tremblement de terre ou nous débarrasser de déchets nucléaires. Comment allons-nous nous débarrasser des déchets nucléaires ? Nous sommes arrivés au bout de ce niveau. Notre technologie n'est pas assez avancée pour le faire. Nous avons créé quelque chose que nous ne pouvons pas maîtriser, comme Tchernobyl. Qu'allons-nous faire maintenant ? Dématérialiser parce que c'est la seule solution. Le seuil entre les mondes manifeste et non manifeste permet à la matière de passer dans les deux sens. Nous sommes actuellement dans une situation où, si nous n'utilisons pas le je supérieur, nous ne survivrons pas. Nous le savons tous.

Nous vivons une époque passionnante, la plus magnifique. Nous vivons actuellement le moment pour lequel nous sommes tous venus. Si vous pensez que vous êtes trop vieux, vous vous trompez. Vous ne partirez pas tant que vous n'aurez pas accompli votre tâche. Nous sommes arrivés à un point où nous devons vite cesser de rester attachés au karma personnel et commencer à fixer notre attention à l'unisson, dans cette grande pulsation qui crée la vie. C'est la loi cosmique. Nous pouvons manifester parce que c'est la raison pour laquelle chacune et chacun d'entre nous avons choisi de vivre cette époque, pour briser l'addition karmiquc « naissance, lutte, mort ».

Nous connaissons déjà le secret pour modifier la mort, altérer la vieillesse. Nous possédons maintenant suffisamment de connaissances sur la structure moléculaire, mais nous ne l'avons pas transposée sur l'hologramme, préoccupés que nous sommes par nos petits mentaux finis, mesquins, passant sans cesse de gauche à droite. Nous ne comprenons jamais ce qu'est la vie, ce qu'elle nous dit. Nous devons boucler la boucle. Nous devons en faire le tour et comprendre que l'information dont nous disposons actuellement est suffisante. Il est temps d'agir. Nous devons maintenant accéder à cette information depuis un endroit vivant, propice à l'expérience, ce qui veut dire qu'il n'existe rien à l'extérieur de nous à quoi nous ne prenions part, que nous ne puissions modeler ou remodeler.

Nous ne sommes pas obligés de subir la famine, la

sécheresse ou la pollution. Mais nous n'allons pas réparer tout cela avec des machines, avec la mentalité atlantéenne. Nous allons utiliser la pure et divine énergie qui est en nous, latente. Nous devons accéder à cette conscience totale pour pouvoir faire les choix vitaux qui s'imposent actuellement.

En 1985, j'ai emmené en Somalie une femme hopi, âgée de quatre-vingt-deux ans, pour qu'elle invoque la pluie : la sécheresse faisait rage. Les Hopis d'Arizona font venir la pluie depuis quatre mille ans pour arroser le maïs. Ils vivent sur une terre aride et font pousser du maïs, avec les mêmes graines qu'ils utilisaient voici quatre mille ans. Ils ont toujours la connaissance. Ils vivent en autarcie, pacifiquement et à l'écoute de l'univers.

C'était la première fois qu'une femme pratiquait ce rituel, habituellement réservé aux hommes. Son frère était le fils cadet du dernier chef du soleil des Hopis. Il a dit : « Je suis un homme de la médecine hopi, je dois garder la terre ici, chez les Hopis, alors je t'y envoie. » Pour la première fois en quatre mille ans, une femme hopi de quatre-vingt-deux ans transporta la richesse de la conscience hopi en Afrique. Elle a fait le voyage, s'est mêlée aux Somaliens, a foulé leurs champs de maïs. Elle a dit : « Je vous ai apporté cette graine que j'ai fait pousser moi-même, pour que vous sachiez que vous n'avez jamais besoin d'avoir faim. Et je vais invoquer la pluie pour que vous sachiez que vous n'avez jamais besoin de manquer d'eau. » Elle pria, et la pluie vint. Pendant trois jours, il a tant plu que nous n'avons pas pu retourner à un lieu de culte qu'il faut normalement honorer avec des graines de maïs sacrées. Une expression hopi dit : « Lorsque le cœur est pur, la pluie vient. » Elle ne voulut ni publicité ni photos. Simplement faire tomber la pluie et rentrer chez elle. Ce qu'elle fit.

Les stations météorologiques internationales ont repéré la trace d'une tempête, survenue d'une direction d'où, normalement, la pluie ne vient jamais. Elle a traversé l'Éthiopie et le Soudan pour arriver en Somalie, à l'endroit exact. Nous sommes fiers de notre technologie mais nous sommes impuissants et déconnectés des forces de vie. Cette femme, cet *être*, a montré la solution. Si vous avez besoin de pluie, appelez-la. Mettez votre cœur en harmonie avec les saisons, avec la terre, avec les êtres, avec le ciel. Le ciel est, au même titre que l'océan, un organisme vivant. Donnez-vous-en simplement les moyens, et vous pourrez invoquer la pluie.

À l'école, nous amusions souvent les enfants, en les laissant taper sur des récipients en fer (boîtes de conserve ou autres), et ils faisaient venir la pluie eux aussi. Il n'y a rien de magique dans la manifestation : elle a rapport avec l'harmonie de l'intention. La plupart des gens ont un tel sentiment de culpabilité vis-à-vis de leurs expériences avec la manifestation dans des vies antérieures qu'ils ne s'autorisent pas à y participer directement. Les habitants de l'Atlantide par exemple. Ils savaient travailler avec la manifestation, mais firent exploser leur civilisation en manipulant des cristaux. C'est ce qui risque de nous arriver si nous n'apprenons pas la leçon concernant le pouvoir personnel. Nous nous trouvons au milieu d'une spirale d'évolution, qui nous mènera soit à l'extinction (parce que nous serons trop dissociés, émotionnellement, de notre environnement), soit dans une fréquence supérieure. Si nous accordons notre corps émotionnel à un niveau où nous pouvons accepter notre participation, dans notre vie personnelle, au monde tout entier, nous commencerons à connaître une façon nouvelle et puissante d'être centrés. Nous devons cesser de n'utiliser que dix pour cent de notre capacité cérébrale, c'est-à-dire surtout la partie gauche, linéaire. Nous ne pouvons manifester avec seulement une partie du cerveau. Si nous apprenons à l'utiliser de manière holographique, le cerveau va irradier l'harmonie dans tout notre environnement et dans l'univers.

Lorsque nous pouvons palper notre centre, nous pouvons manifester n'importe quoi avec cette énergie. Au Light Institute, notre travail met l'accent sur l'enfant qui est en nous, parce qu'il nous permet d'arriver à un point où nous pouvons palper ce pont – l'enfant et la multidimensionnalité. Lorsque nous ne serons plus si préoccupés par « ce que nous pensons que nous devrions être » qui nous empêche d'avancer, nous pourrons enfin explorer le reste de notre être multidimensionnel.

Depuis la position avantageuse que nous procurent les fréquences accélérées, nous pouvons réorganiser la structure de l'hologramme. Cela nous dispense de persister dans un point de vue linéaire. La linéarité représente l'insistance dont le cerveau fait preuve à n'utiliser que dix pour cent de son potentiel ; il méprise les quatre-vingt-dix pour cent restant qui incurvent l'énergie linéaire autour de l'hologramme, ce qui nous permettrait de tout voir. La loi cosmique veut que tout palpite : dedans et dehors, vie et mort. Notre colonne vertébrale palpite, nos organes, nos glandes... Nous n'avons qu'à prendre notre conscience (qui est toujours en train de s'affairer à savoir si tout va bien pour nous) et fixer notre attention sur cette palpitation. C'est alors que nous commencerons à traverser le pont et à reconnaître le divin. Ainsi, nous nous reconnaîtrons comme la conscience elle-même, comme un pouvoir de l'âme qui ne succombe ni au bien ni au mal, ni au « devrait » ni au « devrait pas ».

L'enfant est la première étape du pont vers l'être multidimensionnel. L'étape suivante est la connaissance du je supérieur qui représente, en quelque sorte, la fontaine à partir de laquelle tout découle. C'est là qu'il faut aller pour trouver votre centre, pour être sûr (« C'est cela, je suis cela »), pour valider votre réalité, pour entrer en contact avec vous-même. Le je supérieur est l'être en fusion avec le divin. Il est un composite de l'âme individuelle et de l'âme universelle. Le je supérieur est en mesure d'accéder, à tout moment, à tout le savoir de la force créatrice divine, pour le retransmettre à l'individu.

Le je supérieur n'est pas une entité, mais plutôt le porte-voix de l'âme. Il est le mécanisme qui permet de faire passer le non-manifeste dans le manifeste pour que nous puissions créer une forme-pensée, vérifier la réponse, reconnaître le chemin. Le je supérieur nous donne forme. Il peut parler au mental et dire : « Oui, c'est cela. » Ou bien parler aux émotions et les imbiber du scintillement de Dieu. Il peut encore parler au corps et supprimer ses limites, lui permettre d'être léger. Le je supérieur réanime la force divine pure dans les aspects humains de notre être. C'est le point où nous fusionnons avec la force divine. C'est le centre du symbole de l'infini, le centre du chiffre huit. Et ce point est le seuil du je supérieur, à partir duquel nous pouvons accéder à la connaissance, nous pouvons apprendre à nous reconnaître nous-mêmes (physiquement, émotionnellement ou mentalement) comme faisant partie de l'amour universel, afin que la force supérieure puisse circuler entre nos différents aspects et que nous soyons conscients de créer notre vie.

Le je supérieur n'est pas un aspect de la séduction, ni une particule de la dimension astrale. Ce qui est merveilleux, c'est sa constante présence. Lorsque nous apprenons à prendre contact avec lui, le nombre de nos doutes reflète le degré de notre séparation d'avec lui, de notre expérience de la séparation, de notre culpabilité et du jugement. Utiliser ce porte-voix de l'âme est un art : on en acquiert la maîtrise en développant la confiance, le lâcher-prise, en créant un cadre de référence pour revenir à la fusion avec le flux universel.

Le contact avec le je supérieur représente le travail le plus profond et le plus important à l'Institut. À partir du moment où les gens ont accès à tous les registres de leur être, même si c'est très faiblement, même si une grande partie reste encore bloquée, ils ont une connaissance et une expérience de cette connexion avec leur je supérieur. Ils sont alors en possession de l'outil leur permettant de passer de victime à créateur. En les aidant, à l'Institut, à contacter leur je supérieur, nous leur offrons réellement un mécanisme de survie, parce qu'ils ne seraient peut-être pas capables de discerner la vérité ou de trouver la confiance hors de leur être intérieur. Ils doivent avoir ce pont vers l'être divin pour pouvoir enjamber le précipice et accomplir leur destinée, pas d'un point de vue karmique, mais d'un point de vue divin, libéré du cycle karmique.

Si je me réfère au je supérieur en l'appelant porte-voix, pont, c'est pour bien faire comprendre, dès le départ, que même si nous sommes isolés dans un éclat de l'hologramme – le je humain, l'ego – il ne s'agit là que d'une positionnalité, d'une perspective de notre être divin. Ceci est très important parce que, lors du premier contact avec le je supérieur, les gens, tellement enracinés dans leur identité humaine et conditionnés par les grandes religions, ne s'autorisent souvent à recevoir ou à reconnaître leur je supérieur que sous la forme d'un Dieu personnifié de sexe masculin. Dieu n'est pas limité au rôle de mâle humain. Mais nous le voyons ainsi à travers le filtre de notre perception *yang*, humaine et terrestre du moment.

L'essence même de notre travail, consiste à nous trouver, à trouver notre demeure, à trouver Dieu en nous. Mais tant que nous verrons Dieu comme un humain mâle, nous le limiterons. Nous cherchons en nous l'essence spirituelle qui nous libérera du jugement et des préoccupations terrestres. Il arrive que les hôtes du Light Institute soient très matérialistes. C'est pourquoi, avant même de passer aux sessions proprement dites, nous commençons par leur expliquer que *c'est le corps émotionnel qui opère les choix dans cette vie*. Nous les avons déjà décrits comme des êtres multidimensionnels parce que nous parlons des quatre corps : émotionnel, physique, mental et spirituel. C'est le concept que nous leur expliquons au début, pour les aider à comprendre que nous sommes tous persuadés de vivre dans notre corps mental alors que nous avons aussi des corps subtils (astral, spirituel, etc.). Il faut les faire fusionner afin de pouvoir faire, dans cette vie, les choix qui nous mèneront à l'extase, qui nous mèneront aux registres supérieurs. En fait, c'est notre corps émotionnel qui nous empêche d'avancer, alors que notre mental, notre intellect, s'est prodigieusement développé.

Maintenant que notre corps physique vit plus longtemps, nous nous intéressons à l'énergie spirituelle. Nous reconnaissons la présence d'une force spirituelle et nous la recherchons, mais notre corps émotionnel est à la traîne. C'est lui, puisqu'il est hors du temps et de l'espace, qui décide de nos choix. C'est lui, en faisant rayonner le contenu de notre champ aurique, qui envoie notre message au monde extérieur.

Le corps émotionnel est celui qui attire le monde à nous. Si, par exemple, une personne désire un travail plus épanouissant mais qu'elle ne s'en sent pas vraiment digne, elle va envoyer un message signifiant qu'elle ne se sent pas digne. Quels sont les problèmes ? Problèmes relationnels, de boulot, de l'ego, d'ordre spirituel ? Qu'a défini la personne dès le départ ? On peut lui dire : « Votre corps émotionnel irradie l'empreinte de ce que vous allez recevoir. Vous croyez que vous avez envie de changer d'environnement, de trouver un nouvel emploi, mais vous envoyez un message qui dit : "ne me choisissez pas, je n'en suis pas vraiment capable". C'est ainsi que nous entretenons la roue du karma, au lieu de progresser à la vitesse dont nous sommes capables.

D'où l'intérêt du travail sur les vies antérieures. En fait, il n'a rien à voir avec le passé. C'est le corps émotionnel qui nous maintient sur la roue du karma, vie après vie, en perpétuant les modèles dont il est dépendant. Souvent, les sessions sur les vies antérieures permettent aux gens d'observer quelque chose qu'ils ne peuvent pas voir dans leur vie actuelle. Ce travail les fera accéder à ces modèles – qu'ils proviennent de leur enfance ou de vies antérieures – que le corps émotionnel retient. Ces modèles choisissent la qualité de leur vie actuelle.

À l'Institut, nous commençons en accélérant le corps émotionnel, en le faisant bouger, afin que les gens puissent envoyer des messages leur permettant d'attirer à eux de nouvelles personnes et de nouvelles situations, qui les élèveront et les mèneront à de nouveaux registres. Le but de notre travail consiste à amener les gens à reconnaître leur multidimensionnalité. Le retour dans les vies antérieures nous permet simplement de développer un répertoire plus étendu. Nous découvrons que les gens ne peuvent ni recevoir ni percevoir un répertoire ne cadrant pas avec ce qu'ils connaissent actuellement : ils revivent toujours la même chose avec les mêmes gens. C'est ce qui nous aide à clarifier les relations. S'ils peuvent les considérer ainsi : « Je suis engagé dans tel type de rapports avec untel. Je l'ai attiré à moi à cause de mes relations avec lui (ou elle) dans le passé ou de mes relations avec lui dans d'autres aspects de mon être multidimensionnel », alors ils peuvent les voir d'un œil nouveau. Une fois qu'ils ont compris cela, ils sont irrévocablement transformés. Notre corps émotionnel ne veut pas que nous changions ; cela ne l'intéresse pas que nous soyons heureux ou connaissions l'extase. Tout ce qui compte pour lui, c'est d'enregistrer et de répéter des répertoires qu'il connaît déjà.

Dès que le corps émotionnel s'élargit ou accélère, les gens entament une profonde métamorphose. Leurs relations changent, leurs vies aussi. Il faut qu'ils le sachent. En entreprenant ce travail, ils suivent déjà les instructions de leur je supérieur qui les guide vers cet endroit pour les élever, leur offrir une nouvelle connaissance d'eux-mêmes, et les éloigner d'expériences qui ne leur apportent plus rien.

Nous disons tous : « Je voudrais trouver quelqu'un qui m'aime, vivre un grand amour, etc. » Pourtant, lorsque nous sommes face à une personne qui nous aime et une qui ne nous aime pas, nous sommes toujours séduits par celle qui ne nous aime pas. L'autre nous ennuie. D'ailleurs, nous ne nous en rendons même pas compte. Nous ne reconnaissons pas l'amour. Pourquoi ? Parce que le corps émotionnel aime les défis, la séduction et le jeu de celui qui ne nous choisira pas. Attitude destructrice qui nous attire vers la polarité et nous éloigne de nous-mêmes.

Le je supérieur entre en jeu et nous nous percevons alors comme un tout. Nous pouvons entrer en contact avec notre être véritable, savoir pourquoi nous avons choisi cette vie plutôt que le cercle vicieux du « Je ne peux me trouver qu'en te touchant ou si tu me redis en permanence qui je suis ». Cela provoque jalousie, regrets et angoisse qui activent la colère, et ainsi de suite. Nous rapportons tout le vieux répertoire du corps émotionnel. Tous ceux et toutes celles qui vivent actuellement, dans ce petit épisode pivot de la vie sur terre, sont venus pour briser ce moule, pour devenir ce qu'ils et elles sont réellement. Ils ont déjà le sentiment d'avoir quelque chose à donner, que quelque chose en eux dépasse les problèmes quotidiens du style : « Qui fait la vaisselle ? »,

« Qui fait bouillir la marmite ? », « Qui vit seul, qui est aimé ou ne l'est pas ? ». Ils perçoivent déjà des sources plus profondes, et c'est pourquoi ils viennent. Nous leur servons de miroir réfléchissant toujours leur quête et nous leur affirmons qu'ils la connaissent. Parce que c'est vrai, et ils l'ont déjà atteinte dans leur plan de vie. Il ne leur reste plus qu'à lâcher prise et à s'y abandonner.

Vous ne trouverez pas l'illumination au bout de la rue ni dans les yeux de l'être aimé. Elle est ici, c'est ici et maintenant que vous pouvez en faire l'expérience. C'est très important car, pour les gens sortant d'une session, qu'elle qu'ait été leur expérience, c'est le moyen de comprendre qu'ils sont en train de palper, d'accélérer et de changer leur corps émotionnel. En percevant ces choses, ils sont déjà engagés dans un processus d'élévation, dans une spirale qui monte et qui va les transformer. Peu importe leur interprétation de ce qui s'est produit.

Dès qu'ils franchiront le pas de la porte de l'Institut, ils se sentiront différents, en rentrant chez eux, ils se sentiront différents, irrémédiablement. Et c'est vrai. Nous les avertissons qu'ils vont ressentir des changements : ils doivent les prendre avec une pointe d'humour cosmique, et les accepter. Même s'ils se laissent aller à la colère, ils vont se mettre à écouter leur colère, écouter leur projection. Nous leur donnons une terminologie et un environnement qui leur permettent d'opérer le changement, et ils le font.

Le je supérieur est le plus merveilleux concept qui soit. Parce que tout d'un coup, les gens ont prise sur un vague sentiment intérieur qui a un sens pour eux, qui a une forme... le sentiment du je supérieur. À quoi ressemble-t-il ? Peut-être à un triangle ou à un nuage, ou bien à une silhouette enveloppée dans un grand manteau. Mais au moins, ils ont une prise sur lui, et elle a un sens pour eux. C'est fabuleux.

Nous commençons à leur enseigner notre langage car il se situe sur un registre de conscience tout à fait nouveau. Nous ne nous soucions pas de traduire ce qui se passe à l'Institut dans le système linguistique de quelqu'un d'autre, parce qu'il n'existe pas de cadre de référence. Que les hôtes soient professeur ou guérisseur, qu'ils pratiquent la méditation depuis dix ans, la plupart d'entre eux ont vécu tant de séparations qu'ils éprouvent le besoin d'une traduction. Tout d'abord, ils ressentent une contraction dans leur corps émotionnel ou une libération au niveau du plexus solaire, ou bien, pour la première fois, ils ressentent *crias*, l'énergie qui circule à travers le corps. Ces réactions leur donnent une nouvelle conscience qui précipite leur multidimensionnalité dans leur vie consciente. Les hôtes croient qu'ils sont venus pour se libérer d'une relation ou parce qu'ils ont besoin de changer quelque chose dans leur vie. Mais là n'est pas la raison de leur visite.

Nous les aidons à se percevoir eux-mêmes dans leur multidimensionnalité, et ils deviennent capables d'entrer en contact avec le divin qui est en eux. Nous leur donnons un nouveau cadre de référence qu'ils peuvent ensuite articuler, moduler. Ce divin, ils peuvent le sentir, l'expérimenter, et ils savent comment le retrouver. Ce n'est pas : « Vous entrez une fois en contact avec votre je supérieur et il disparaît à jamais. » Cela n'a rien à voir avec la méditation où vous ne savez jamais si vous y êtes ou non. Nous proposons une manière opérationnelle et pratique de mettre les gens en contact avec eux-mêmes.

Lorsque les gens décrivent le non-manifeste, ils décrivent le retour chez soi. Ils entrent dans des domaines où ils rencontrent le Dieu qui est en eux, où ils ne connaissent pas la séparation. Ils entrent souvent dans un état extatique. Parce que si vous ne vous mettez pas en travers du chemin, vous allez droit à l'état d'extase. C'est vous (votre ego, votre positionnalité, votre corps émotionnel) qui vous barrez la route. Dans cet état extatique de la plénitude, tout y est, rien ne manque. Les gens reconnaissent leur Dieu. Quand je leur demande pourquoi ils se sont séparés, ils répondent tous la même chose : « Pour acquérir de l'expérience. » Pour je ne sais quelle raison, il y a un besoin de manifester cette connaissance au niveau de la conscience. Voilà la réponse qui revient toujours. « J'ai voulu me séparer pour faire l'expérience de quelque chose, pour participer à cette manifestation depuis un certain niveau du "je". »

Puis, dès qu'ils entrent dans la matière, toutes les nouvelles lois prennent place. La loi de la matière entre en vigueur. Et, au fond, nous nous laissons séduire. Nous sommes de plus en plus attirés dans des corps émotionnels puisqu'ils n'existent pas dans les fréquences multidimensionnelles. Nous nous accrochons en disant : « Allons voir un peu ce qui s'y passe. » Pourtant, ce n'était pas une mauvaise décision d'entrer dans ces corps. Actuellement plus que jamais, s'offre à nous l'opportunité d'amener le divin avec nous ici, et de le manifester. C'est pour cela que nous avons choisi de venir maintenant : pour manifester !

Quel est notre rôle par rapport au règne animal et au règne minéral ? Là encore, nous ne sommes pas séparés. Nous faisons partie du règne animal, et du règne minéral. Nous employons cette drôle d'expression : « Ceci est organique, ceci ne l'est pas. » C'est absurde ! Nous appartenons à tous les règnes. Nous ne sommes pas séparés et nous devons fusionner. Les baleines et les dauphins, par exemple, sont bien en avance sur nous : leur cerveau holographique perçoit plus de choses que le nôtre.

Chaque fois que nous travaillons à l'Institut, nous plongeons plus profondément et commençons à fonctionner à un niveau de l'âme qui connaît notre être véritable. Nous n'avons pas besoin d'attendre que la voix tonitruante d'un dieu mâle nous l'annonce. Notre être holographique est l'appareil le plus merveilleux qui existe, le symbole le plus extraordinaire de notre connaissance. Les personnes avec lesquelles j'ai travaillé m'ont offert d'inestimables cadeaux en se fixant, en s'accordant avec ce que nous appelons le je supérieur. Nous aimons nous représenter ce je supérieur comme une affaire difficile, mais ce n'est pas le cas. En fait, les images qui le représentent ne sont que l'instrument de notre conscience qui nous branche sur quelque connexion, sur quelque réalité.

Lorsque les gens s'accordent à leur je supérieur, les images avec lesquelles ils reviennent m'apprennent beaucoup sur eux. Par exemple : où se trouve leur conscience à ce moment-là, ce qu'il leur reste à approfondir, ce qu'ils doivent explorer, ce qui va arriver ; parce que leur je supérieur leur souffle déjà des indications. Nous recevons tous, dans les quatre-vingt-dix pour cent restant de notre cerveau, des réponses sur la réalité et la vérité. Mais nous ne savons pas comment les écouter, et c'est pourquoi les sociétés anciennes pratiquaient tant les rituels : pour fixer l'attention sur ces informations. Elles avaient un avantage sur nous parce qu'elles savaient écouter la signification de la foudre, par exemple. Cela voulait dire quelque chose pour elles. Tout a un sens dans l'univers, tout est synchronique. L'univers n'est pas chaotique, c'est un ordre tranquille et cohérent. Si nous prenons une photo de notre vie actuelle, elle représente sûrement le chaos, le désordre, comme si nous courrions dans la mauvaise direction. Mais *il n'y a pas de mauvaise direction* : nous sommes simplement en train de réparer des éléments de l'hologramme, pour pouvoir fonctionner avec ses pulsations.

Le je supérieur est un émissaire de la périphérie. Il traduit pour vous le non-manifeste qui n'a ni symbole, ni perspective, ni positionnalité. C'est simplement un coup d'œil dans le non-manifeste, traduit d'une manière assez proche de vous pour que vous puissiez trouver dedans les différents échelons de signification et ouvrir votre mental. Notre corps émotionnel veut que nous voyions notre je supérieur comme une personne, mais il apparaît comme une roue qui tourne, du vent ou un triangle. Il se présentera comme un symbole, à un quelconque niveau de notre conscience en disant : « Ouvrez cette porte. » En vous, de l'autre côté de la porte, se trouve un pallier de signification que vous reconnaîtrez alors au niveau de l'âme, et vous évoluerez. Je vous dis cela car si vous méditez, si vous recherchez votre je supérieur, et que vous obtenez une roue ou un triangle, il ne faut pas vous inquiéter. Essayez, plutôt que de vouloir le contrôler, de vous abandonner à l'essence de ce symbole, et vous serez merveilleusement récompensé. Votre conscience changera, votre cerveau commencera à enregistrer. Il va commencer à s'aventurer dans des schémas et des réalités sur lesquelles vous ne vous attardez généralement pas, et vous trouverez une signification à ces approches nouvelles. Vous allez vous ouvrir, lâcher prise et évoluer.

Le je supérieur est donc ce porte-voix. C'est un outil de traduction qui nous permet d'aller dans un endroit sans images. Rien de compréhensible pour notre mental linéaire. C'est l'hologramme multidimensionnel. Si vous obtenez un symbole du je supérieur, et que vous vous retrouvez en train de parler à un triangle, ne soyez pas désespéré, les triangles peuvent parler très clairement ! Quelqu'un peut dire, par exemple : « J'ai posé une question à mon je supérieur et je n'ai obtenu comme réponse qu'une lumière rose. » L'image vous indique simplement que la lumière rose n'est que le déclencheur, le voile à travers lequel vous devez passer pour percevoir quelque chose de l'autre côté. Le rose est la couleur de l'amour, du rajeunissement. Le je supérieur vous dit : « Habille-toi d'amour, réveille-toi, stimule ta force de vie : alors seulement tu auras le courage d'être celui que tu es. » La réponse est là, elle vous est donnée depuis l'autre côté de l'hologramme.

Sur le plan terrestre, nous sommes très habitués à la définition, à notre perception. Nos perceptions sont devenues terriblement étriquées. Nous nous sommes fait piéger dans des pensées linéaires. Il est très important que nous commencions à nous percevoir d'une manière beaucoup plus large. Nous avons été séduits par les rituels, par l'alchimie. L'alchimie est différente de la manifestation véritable car c'est une domination de la volonté sur la matière, et nous pouvons le faire. Les scientifiques le font actuellement. Nous savions le faire il y a cinq mille ans, nous le faisions déjà voici cinquante mille ans et, dans nos mémoires intérieures, nous nous souvenons tous d'avoir utilisé ce pouvoir. Mais il faut payer ce genre d'alchimie, forcer quelqu'un à être celui que vous voulez qu'il soit. Et nous sommes en train de payer actuellement sur cette planète. Il est difficile pour nous d'apprendre à ne pas succomber à la tentation de l'alchimie, d'abandonner la volonté, le pouvoir personnel.

Nous sommes tombés dans ce genre de piège à l'époque de l'Atlantide : nous avons découvert que si nous étions capables de fixer notre volonté, nous pouvions provoquer les événements. Lorsque cela se produisait, nous ressentions une espèce d'excitation comme un sentiment de reconnaissance personnelle. Et nous nous sommes tant laissé séduire par cette excitation que c'est aujourd'hui que nous devons nous en débarrasser, aujourd'hui que nous devons lâcher prise. C'est l'un des plus grands défis actuels sur cette planète : laisser tomber notre pouvoir personnel pour atteindre notre véritable puissance, pour fusionner dans le flux universel. C'est une des données de la compréhension : « Ai-je raison d'invoquer la pluie aujourd'hui ou suis-je un manipulateur ? » Nous devons enfin voir l'hologramme. Autrement, nous ne faisons que du bricolage, et nous devrons en payer le prix. Nous l'avons déjà fait dans le passé et nous le gardons tous en mémoire.

C'est une époque très importante pour comprendre cette séparation, pour abandonner le pouvoir personnel et le contrôle. Nous devons enfin reconnaître que nous pouvons nous accorder à une fréquence plus élevée, à un registre supérieur, depuis lequel nous pourrons exprimer ce qui est bien pour tous et pas simplement pour l'individu. Alors nous retournerons dans la lumière, nous retournerons à ce niveau universel où le monde a été créé, où toute cette galaxie a été créée.

Le je supérieur est le traducteur qui vous donnera toujours les réponses, même si ce ne sont parfois pas celles que vous désirez entendre. Les questions et les réponses sont bizarres. C'est comme l'histoire de la poule et de l'œuf, une illusion du temps. Vous pouvez voir dans votre mental : « J'ai une question » et, au moment où vous vous figez, c'est une question linéaire. Ensuite, la question s'évanouit. Vous avez déjà entendu la réponse et vous avez déjà choisi la réponse que vous désirez. Si la réponse n'est pas celle que vous attendiez, vous êtes désorienté et vous vous mettez en colère.

Nous devons élargir cette identification de nous-mêmes et c'est très difficile. D'un côté, je vous dis : « Trouvez qui vous êtes, entrez en contact avec votre centre. » Et d'un autre, je suggère : « Débarrassez-vous de votre pouvoir personnel, laissez-le tomber. » Parce que votre manière d'utiliser votre pouvoir personnel s'est toujours faite à votre détriment. Éloignez-vous-en, abandonnez ce « Eux contre nous ». Fixez votre attention sur ce qui n'est pas manifeste et apportez-le dans votre véhicule physique. Prenez la responsabilité de savoir que lorsque vous pouvez manifester la lumière, vous pouvez manifester la matière. C'est ainsi qu'un enfant naît, qu'un enfant est conçu. C'est en reconnaissant ce tout, ce chiffre huit. Les électrons se déplacent le long de la forme de ce chiffre huit et lorqu'ils sont relâchés, ils commencent à vomir. Ainsi s'est manifesté le miracle de la procréation la toute première fois, et maintenant, nous pouvons nous permettre de retourner au modèle. Nous pouvons utiliser l'aspect supérieur du mental pour le percevoir de cette manière, pour le percevoir dans la lumière, pour le percevoir divin, pour nous percevoir les uns les autres comme divins.

Si vous prenez de la distance par rapport à votre positionnalité et regardez véritablement dans le visage de quelqu'un, vous verrez la douleur, la lutte, les expériences qu'il ou elle a vécues, dans cette vie ou dans d'autres. Vous pouvez éveiller la compassion qui vous libère du jugement, de la rigueur de votre positionnalité. C'est le fluide qui circule dans ces limites et parvient à un registrc plus élevé.

Les gens sont toujours persuadés qu'il faut se battre pour obtenir quelque chose. Qu'il faut jeûner, prier, abandonner, être bon, pour atteindre le je supérieur ou toucher Dieu. Nous devons composer le numéro de la fréquence du je supérieur. Dès que nous prenons conscience des fréquences que nous utilisons, nous pouvons faire un choix. Si vous prenez réellement conscience de ce que vous ressentez lorsque vous êtes en colère, lorsque vous riez, vous percevrez l'énorme différence de fréquence. Vous avez le choix. Vous pouvez composer le numéro. C'est pareil avec le je supérieur, pareil avec l'aspect divin, si vous voulez le palper, il est toujours présent, avec vous.

L'initiation consiste à fixer votre attention sur le divin et à la maintenir pendant longtemps. Il est difficile pour nous de rester dans la conscience divine. C'est pourquoi nous avons commencé les rituels, nous sommes allés dans nos grottes, toutes ces choses qui empêchent notre attention de se relâcher. Nous devons maintenant abandonner ces rituels. Nous devons laisser tomber les éléments qui nous barrent la route de la compréhension. Vous n'avez pas besoin de présenter les questions et les réponses de manière linéaire. Vous n'avez qu'à atteindre l'énergie et la reconnaître. L'énergie répondra. C'est comme un petit coup de vent que l'on peut sentir. Si je fixe mon attention dessus, je peux voir ce qui est là. C'est tout ce que nous avons à faire. Inutile de lutter, pas la peine d'être parfait. L'illumination est en nous parce que la lumière est en nous. Mais nous sommes plus à l'aise dans la pénombre, en nous cachant.

Nous n'avons rien de spécial à faire pour percevoir une partie ou un aspect de notre hologramme, de notre être multidimensionnel. Simplement lâcher prise et dire : « Guide-moi. » C'est tout. Rien de magique là-dedans. Plus on l'appelle, plus il est clair. Plus on entend les réponses du je supérieur, meilleure est la traduction. Nous sommes alors capables de percevoir le tout de telle sorte que lorsque nous demandons : « Dois-je quitter cet emploi ? » ou « Vais-je épouser cette personne ? », la réponse est là, et ce n'est pas oui ou non, c'est *dedans*. Nous savons tous que chaque question correspond à un pallier de signification, selon lequel la réponse était dans la question. C'est un merveilleux résumé.

Lorsque vous regardez les annales *akashiques*, les registres du temps linéaire, vous voyez souvent des petites formes qui ressemblent à des chromosomes. Certaines sont en L, d'autres en courbe, d'autres sont de couleurs différentes, ce sont les palliers de signification, de l'expérience, de la réalité contre lesquels nous pouvons nous frotter pour nous précipiter dans un registre de compréhension accessible à notre mental. Mais nous devons entrer dans notre mental supérieur. Si vous continuez à vous accrocher à *vous*, vous n'y arriverez jamais. Vous ne l'entendrez jamais parce que votre peur vous dira : « Tu vois, je te le disais, il n'y a personne là-bas. »

*Votre je supérieur, c'est vous.* Voilà la blague cosmique ! Il existe peu de professeurs en dehors de vous. Les gourous quittent la planète. Ils élèvent physiquement leurs corps pour partir, et ils font cela car c'est à *notre* tour. Tant que vous n'aurez pas accepté le fait que vous ne trouverez pas de professeur en dehors de vous, vous ne pourrez ni démontrer ni manifester le pouvoir attendu sur cette terre pour faire disparaître la radioactivité, vaincre la mort, faire des choix, éliminer la maladie, et trouver l'harmonie avec les autres planètes, d'autres réalités, d'autres dimensions... Votre professeur, votre maître est en chacun d'entre vous. Et aucune excuse ni aucun handicap n'est valable. « Si je pouvais, je le ferai, mais je ne peux pas » : Non ! Ceux qui s'accrochent à ce point de vue vont partir.

C'est une époque formidable. Une époque passionnante et nous devons la palper, la toucher. Elle est là, en vous, en moi, en nous tous. Vous pouvez vous compliquer la tâche autant que vous voudrez : nous faisons vraiment tout pour le mettre hors de portée, nous nous arrangeons pour devoir aller le chercher ailleurs, simplement pour nous prouver que nous le méritons. Mais oui, vous le méritez. Et vous possédez toute la connaissance. Vous n'aurez jamais besoin d'autre chose que ce qui est en vous. Et ce qui est en vous est sans limite puisque multidimensionnel.

Lorsque les gens se défont de leurs vies antérieures les unes après les autres, ils se libèrent de ce thème, font le tour du cercle, et passent à un autre thème, puis à un autre. Très vite, ils cessent de vivre leur vie actuelle. Ils se retrouvent dans une position galactique, sur une autre planète, dans une autre conscience, une autre dimension... et ils lâchent prise parce qu'ils connaissent la multidimensionnalité. Cette conscience rayonnante que nous appelons force divine est sans fin. Nous sommes sans fin. Là réside la saveur de nos choix. Et nous devons apprendre à l'apprécier.

Nos corps émotionnels sont bloqués sur cette planète à un niveau de vibration très bas, très lent. Nous devons nous hisser jusqu'à ces fréquences d'allégresse, ces fréquences élevées qui sont celles du divin, dans lesquelles la vie et la mort tournoient, ainsi que le matériel et le non-matériel. Lorsque nous pourrons nous accorder à cela, nous pourrons manifester les registres, le droit de naissance que ces corps nous ont donné à manifester.

Si vous soutenez l'hypothèse de votre multidimensionnalité, vous reconnaîtrez qu'il n'y a pas de mauvais choix. Vous n'avez pas besoin de vous cramponner. Vous ne pouvez pas vous tromper de route. Vous pouvez seulement faire un choix qui vous apprendra telle ou telle leçon ; l'une ou l'autre vous ramènera à votre centre. Lorsque nous ferons l'expérience de la liberté, lorsque nous ferons l'expérience du lâcher-prise avec cette compréhension, et abandonnerons le jugement pour adopter l'amour sans condition, nous pourrons manifester toute chose, et être enfin vraiment nous-mêmes.

## 10

## L'HOLOGRAMME

**Lorsque vous aurez exercé votre intentionnalité, vous foulerez le sol de cette terre comme des dieux.**

L'illumination, c'est savoir atteindre d'autres registres, d'autres dimensions et pêcher les informations qui élargissent nos capacités à un niveau dépassant le génie. C'est une manière bien terre à terre de parler de notre être multidimensionnel. Il y a d'autres dimensions, et il y a des informations et de l'énergie, et il existe des accès à ces autres dimensions qui peuvent nous nourrir et nous soigner. Autrement dit, nous pouvons commencer à expliquer la multidimensionnalité, non pas comme un terme de science-fiction, ou comme un terme ésotérique, mais comme une réalité et une frontière. Le mental trace cette frontière, mais il existe au-delà des limites du cerveau. Par notre conscience, nous avons accès à d'autres dimensions qui nourrissent, qui peuvent amplifier et nous enseigner ici et maintenant, sur ce plan. Au Light Institute, nous voulons que les gens commencent à entrer en contact avec leur multidimensionnalité. Nous commençons avec les vies antérieures parce qu'elles sont immédiates. Comme pour les sessions sur le corps émotionnel, nous pouvons, dans les sessions sur les vies antérieures, sentir l'énergie, voir le scénario et nous reconnaître dedans. C'est le premier registre de l'ondulation, du bassin agrandi de la conscience.

Bien sûr, au moment où nous élargissons ce que nous pensons être, nous retombons en plein milieu de souvenirs de vies antérieures ainsi que dans d'autres réalités dimensionnelles, parce que cela appartient à l'infrastructure de notre corps.

Il faut abandonner tous nos petits trucs. Les rituels nous font régresser à la dimension astrale, à la conscience de l'époque où nous avons utilisé les rituels. Ceux de notre époque sont devenus ennuyeux. Ils ont perdu leur signification. Mais nous aimons nous leurrer en psalmodiant ces rituels. Nous aimons bien la lumière de la bougie. C'est bien parce que cela attire notre attention. À la minute où nous lâchons prise et fixons notre attention et notre intentionnalité, nous pouvons aller où bon nous semble. Peu importe que nous allions dans une autre vie, une autre dimension, un état de conscience élargi, une perception de ce qui se passe de l'autre côté du monde, que cela nous fasse mener notre corps de l'autre côté du monde. L'entraînement de notre intentionnalité active les pulsations holographiques rayonnant d'un centre cérébral synchronisé. Il est important de souligner que nous ne parlons pas de l'intentionnalité de type « volonté » mais plutôt d'abandon intentionnel, une fois vaincue l'inertie. Puisque nous vivons dans une dimension où le cerveau enregistre des visions, des sons et des odeurs de la dimension astrale, nous devons les éliminer de la fréquence de notre cerveau. Nous avons besoin d'un cadre de référence pour cette expérience, car être dans ce cadre de référence nous permet justement d'avancer.

Si vous retourniez à l'enfant qui est en vous en lui disant : « Je peux toucher, mettre ma main sur toi et sentir quelqu'un », il se peut que, selon l'équilibre de votre karma, vous puissiez effectivement vous lever et le faire. Il est probable que quelque chose vous empêche de le manifester vraiment. Le but du travail sur les vies antérieures consiste à nettoyer cette énergie, pour que l'enfant qui est en vous puisse se mettre au travail et accomplir ce pour quoi vous êtes ici.

Le simple retour à l'enfance représente quand même un cadre de référence dans lequel il existe un niveau de l'ego. L'ego a une grande utilité. Il nous permet d'exécuter notre karma. Et, bien qu'il nous barre la route la plupart du temps, c'est lui qui nous maintient dans cette dimension, qui nous permet, par exemple, de voir s'il fait nuit ou jour, s'il y a danger, etc. Lorsque nous commençons le nettoyage, nous nous libérons des limites, et cela nous permet de manifester maintenant.

Je suis dans la manifestation. C'est pour cela que nous sommes venus. Lorsque nous retournons dans une vie antérieure, il se peut que nous découvrions, par exemple, que nous étions en Atlantide, à manipuler les cristaux, participant ainsi à sa destruction. Aujourd'hui, tout le monde recommence à manipuler des cristaux. Peut-être avons nous abusé de notre pouvoir autrefois, mais nous l'avions. Ce qui veut dire que nous l'avons *toujours* aujourd'hui. Seuls la culpabilité et le jugement gênent l'utilisation que vous pourriez en faire. Votre corps émotionnel, vous soufflant que vous êtes une victime, vous empêche de manifester.

Lorsque vous retournez dans les vies antérieures, vous commencez à percevoir la façon dont votre âme s'est déplacée. C'est une danse magnifique. Il se peut que vous ayez fait votre travail dans la guérison ou dans la musique. Quelqu'un d'autre dans la structuration d'organismes physiques comme le cerveau. Votre âme détient un hologramme de choses bien particulières. C'est merveilleux de savoir que vous n'êtes pas obligé d'accomplir telle ou telle forme. Cela ouvre toutes sortes de possibilités.

Plus on avance dans la compréhension que la loi du plus fort ne fonctionne pas ici, plus on devient puissant. Si seulement parents et enfants pouvaient saisir cela ! Si le père ou la mère d'un petit tyran de deux ans pouvait comprendre que chacun a besoin de faire l'expérience de son pouvoir. Que plus on l'utilise, plus on l'affine, et plus on l'utilisera. Alors si vous avez gâché votre pouvoir en Atlantide, vous avez aujourd'hui la possibilité de *ne pas* le gâcher. Nous en sommes là. Nous pouvons tous nous donner du pouvoir, les uns aux autres : plus vous êtes puissant, plus je peux l'être.

Le problème, c'est que la connaissance qu'a l'enfant

de ce pouvoir n'est ni verbale ni linéaire. On peut la trouver dans une fleur ou dans une pierre qui vous parle. Mais, pour toutes les âmes, le défi et le diktat de notre époque est de traduire ces expériences du cerveau droit en langage de la troisième dimension. Lorsque vous retournez à ces expériences de vies antérieures, vous travaillez avec un cerveau fonctionnant comme un adulte, et dites : « Oh, c'est ce qui s'est passé » ou « Ça, c'est une mort cosmique » ou bien « J'ai connu cela et puis voilà ce qui s'est passé » ou encore « Voilà la raison de tout cela ». En faire l'expérience transforme la structure moléculaire du corps. Si vous la vivez dans la tête, cela ne changera pas grand-chose. Cela vous aidera d'une certaine manière mais, ce qu'il faut, c'est libérer votre véhicule physique.

Souvent nous recevons des hôtes ayant une maladie chronique ; ils découvrent qu'époque après époque, ils ont fixé leur attention sur un organe particulier, et en sont morts plusieurs fois. Neuf fois sur dix, la cause de ces morts a un rapport avec le cœur, la gorge, ou ce dont ils souffrent actuellement. Eh bien ! je n'ai pas envie de dire : « Travaillez sur vos vies antérieures et vous vous débarrasserez de votre maladie » ; je veux que vous observiez l'hologramme et compreniez que dès que vous abandonnerez ce à quoi vous vous accrochez, tout ce qui s'y rattache partira du même coup. Ce phénomène résulte de la connaissance acquise à travers les dimensions, à travers toutes ces fréquences. C'est physique, mental, émotionnel, spirituel.

Puis les gens commencent à expérimenter d'autres dimensions, des relations dans d'autres dimensions, et d'autres réalités qui leur donnent des informations sur ce qui leur est utile maintenant. Leur corps subtil fait partie de leur système d'informations. Autrement dit, lorsque nous entrons pour la première fois dans le corps lumineux, le niveau de conscience au niveau du corps lumineux c'est le néant. Même chose avec le mental supérieur. Le corps mental, qui englobe le mental supérieur, n'est qu'un registre supérieur de conscience qui nous permet de percevoir. Nous filtrons toujours tout à travers nos six sens, mais nous percevons avec une nouvelle sensibilité. Nous allons toujours dans ces registres élargis pour ramener et traduire les expériences dans cette dimension.

Quelquefois, une déformation de la traduction se produit. Plus on pratique, moins il y a déformation. Elle se produit selon la densité de notre corps émotionnel, de notre véhicule physique, de notre corps mental. Si notre conscience ne peut admettre l'existence d'autres pouvoirs, d'autres fréquences, et les limites de la polarité (que deux choses apparemment opposées peuvent être semblables), il y a déformation. Elle peut s'appeler jugement, pharisaïsme, ou rétrécissement des capacités mentales ou cérébrales. Mais lorsque nous entamons le processus d'expansion de la conscience, nous pouvons vraiment réussir cette expansion, et le filtre devient de plus en plus clair.

Nous trouvons d'autres manières d'amener les messages dans la réalité. C'est pour cela que les gens disent : « Je ne sais pas ce que vous avez dit, mais je sais ce qui s'est passé. Je sais. Je peux *sentir* la différence. » C'est souvent le cas, ils peuvent réellement *sentir* la différence dans le cerveau, lorsque les deux lobes sont synchro. Ils la reconnaissent. Et ils peuvent la retrouver. Nous ouvrons simplement la porte, leur permettons de passer, et protégeons le passage.

Le mental supérieur possède la capacité de voir l'hologramme, de percevoir la vérité, la conscience, d'une manière très étendue. Le je supérieur jaillit de l'âme, il est l'expression du projet de l'âme. Le je supérieur et le mental supérieur se traduisent mutuellement et, ainsi, le mental supérieur aide à organiser la conscience du je supérieur. L'âme est divine. Puis cela passe dans le je supérieur, qui apporte l'hologramme à un niveau où nous pouvons le palper. Le je supérieur réalise la descente dans la matière. Si vous le regardiez de cette manière, vous verriez l'âme, le je supérieur, le mental supérieur, et enfin, les corps.

Le mental supérieur vous permet simplement de connaître sur un registre plus élevé. Il vous permet de travailler à un niveau de génie où les deux moitiés du cerveau fonctionnent en synchronisme. Le mental supérieur est vraiment le niveau du génie. Le mental fini est un petit point qui représente la linéarité. Le mental supérieur est un cercle rayonnant autour du petit point, et il vous permet de continuer des cercles de plus en plus élevés, englobant ce petit point. Le niveau du génie est capable de voir la solution du problème parce qu'il voit le tout. Il voit les racines, les branches, l'ensemble de l'arbre. Il voit l'hologramme.

Le projet de l'âme est dicté par le tout qui dit : « Je vais m'évader et aller faire les expériences de reconnaissance du tout, du divin. » Lorsque les gens entrent dans des expériences de l'âme, ils n'ont pas de corps. Ils sont lumière, ils sont tout, ils sont Dieu. Il y a union, il n'y a pas de séparation. La création de l'âme se situe à ce niveau. L'âme devient un concept d'individualité. À la minute où un aspect du divin annonce : « Évade-toi et vis l'expérience », l'âme établit un projet et dit : « Afin que vous sachiez que vous n'êtes pas séparé, que vous êtes un tout, vous ferez telle et telle expérience. » Vous comprendrez la mort, vous comprendrez tous ces thèmes, et puis le projet commence à émerger. Chaque fois que cette âme pénètre dans l'esprit, qu'elle entre dans la matière, et que nous vivons des empreintes, elle étale le projet duquel naît le corps émotionnel. C'est un projet difficile car, bien que nous vivions des expériences sur tous les registres, nous n'avons pas de corps émotionnel sur chaque registre. Lorsque vous avez un corps sans système nerveux comme le nôtre, vous avez un tout autre cadre de référence. C'est pourquoi les entités galactiques et les autres sont parfois incapables de réactions émotionnelles, et sont déséquilibrées sur terre. Leur cadre de référence ne contient pas de corps émotionnel tel que nous le connaissons.

Nous parlons de la matière au sein de certaines dimensions. Dans notre dimension, la matière dispose du corps émotionnel, avec sa positionnalité, son registre spirituel, etc., intégrés. Lorsque le corps émotionnel se reconnaît dans la lumière de l'âme, il perd sa positionnalité et se guérit du jugement. Nous utilisons exactement ce modèle dans notre travail à l'Institut. Nous aidons le corps émotionnel à reprendre contact avec le projet de l'âme. Et le grand rire cosmique retentit lorsque le corps émotionnel comprend de quoi il retourne. Il saisit l'étendue de sa compréhension du fait qu'il a choisi ces expériences.

Intellectuellement, nous ne faisons qu'effleurer ces concepts parce que nous ne pouvons pas vraiment comprendre ce que choisir représente. Nous ne pouvons le reconnaître qu'à un certain degré. Dès l'instant où quelque chose cloche dans notre vie, nous affirmons automatiquement : « Je n'ai certainement pas choisi cela. » Mais si ! Et lorsque nous nous laissons aller à le reconnaître, nous nous rapprochons de notre âme et de son projet. L'astuce c'est que, dès que nous faisons le contact de l'expérience au niveau de l'âme, nous perdons le jugement et quittons la route du karma parce que nous n'en avons plus besoin. Comme les grands maîtres, nous ne sommes plus du tout impliqués dans le « faire ».

Reconnaissez cette descente dans la matière. C'est pourquoi nous parlons, même dans notre dimension, de supprimer le syndrome douleur/plaisir. À ressentir trop de douleur ou de plaisir nous risquons de devenir dépendants d'un plan d'expérience horizontal. À l'Institut, nous mettons l'accent sur le corps émotionnel, afin de le nettoyer, de l'accélérer, et qu'il fonctionne à un niveau extatique. Lorsque nous y parviendrons, nous ferons un nouveau bond vertical.

La différence, c'est que l'extase n'est pas associée à un cadre de référence, alors que le négatif est associé à l'ensemble du karma collectif. Nous reconnaissons la colère parce que nous en faisons l'expérience dans nos multiples vies. Le je supérieur est latent : il est présent dans le corps émotionnel, mais il en est la partie non manifeste. En d'autres termes, lorsque le corps émotionnel fait l'expérience de l'extase et de la félicité, il accélère et se dégage de la densité des émotions inférieures. Toute la tristesse et la lourdeur cherchent à atteindre son savoir, et c'est alors qu'il se reconnaît. Lorsque le corps émotionnel se reconnaît véritablement, la vie, la mort et les cycles karmiques disparaissent.

Le je supérieur est présent dans toute chose mais, puisqu'il n'est pas manifeste, nous devons découvrir son point d'accès. Il arrive par ces incroyables véhicules, alors qu'ils se déplacent ensemble, et qu'ils sont imbriqués les uns dans les autres. Nous créons la « fenêtre vers le ciel ». Nous créons cet accès, ce pont qui nous permet de palper le je supérieur afin qu'il n'éprouve pas le besoin de dire oui de manière linéaire. Le je supérieur a une rotation différente. On peut le voir aussi comme une spirale, une spirale tournoyante très différente d'un plan horizontal.

La réalité de l'être multidimensionnel se manifeste à travers l'hologramme. Nous « n'atteignons » pas l'hologramme, nous *sommes* l'hologramme. Le problème, c'est que nous restons fixés sur certains endroits de l'hologramme et nous perdons la notion de ce qui existe de l'autre côté du cercle. Nous ne soupçonnons même pas que nous sommes reliés à quelque chose de l'autre côté du cercle, que nous n'avons qu'une ficelle à tirer pour puiser dans l'inconscient. Nous ne nous rendons pas compte que nous sommes dans un médium fluide. Nous pourrions l'appeler corps ou univers... apprenons à le nommer hologramme.

Dans l'hologramme, nous pouvons reconnaître que nous sommes ici maintenant, mais que nous avons aussi déjà vécu de nombreuses vies. Nous pouvons accéder à ces vies antérieures et en faire l'expérience : c'est l'aspect « expérimental » de l'hologramme. C'est ce que l'hologramme représente réellement pour nous. Il ne s'agit pas de quelque chose d'étranger à apprivoiser ; mais simplement de comprendre que plus on est conscient de l'hologramme, plus on devient Dieu.

Nous ne parvenons pas, de manière linéaire, à manifester des cendres, des fleurs ou à arrêter un tremblement de terre. Et cela, tant que nous ne percevrons pas l'hologramme. La création contient en elle la destruction. Et nous appartenons à cet ensemble, assassin, amant, forêt tropicale ou mer morte. En découvrant cette grande vérité, nous pouvons nous guérir par l'expansion. C'est la contraction (l'attention portée sur ce qui est petit, l'incarcération de l'énergie) qui crée la douleur et la souffrance. Dès l'instant où nous arrêtons le flux cosmique et en regardons le contenu, nous ressentons le chaos. Nous disons : « Ceci n'est pas harmonieux. » Mais si nous écoutons toutes les voix de l'orchestre, tout le concert, nous comprenons que rien n'est en désaccord car tout participe à la trame de notre plan divin.

Nous pouvons apprendre à expérimenter l'ensemble de l'hologramme canalisé à travers le corps physique, si nous nous accordons harmonieusement sur une interface avec notre corps subtil. Plus notre corps mental, physique et émotionnel sont clairs, mieux nous percevons l'hologramme. Nous devons saisir notre connexion avec la puissance divine, au lieu d'imaginer que Dieu est, là-haut, séparé de nous, ou que le monde extérieur est séparé de nous.

Au Light Institute, nous créons un seuil pour que nos hôtes puissent accéder à l'hologramme et reconnaître que tout ce qu'ils voient ou vivent fait partie d'eux-mêmes. Ils ont beaucoup de mal à comprendre ce concept. Ils ne peuvent admettre qu'ils ne sont pas des victimes, parce qu'ils sont enfermés dans une positionnalité qui leur dit : « Voilà qui je suis, ici. » Ils ne perçoivent pas leur hologramme. Lorsqu'ils y parviennent, ils font l'expérience de la connexion globale.

À chaque fois quc vous vous voyez dans un autre corps, dans une autre vie, une autre mort, dans d'autres relations, vous ramenez l'hologramme à son tout et y accédez. Même si vous ne pouvez percevoir que cette vie actuelle, que votre positionnalité actuelle, vous êtes quand même dans l'hologramme parce qu'il existe, que vous le sachiez ou non.

À l'Institut, nous accroissons notre capacité à reconnaître l'hologramme. Lorsque les gens commencent à saisir ce concept, ils guérissent de la séparation et, de ce fait, se transforment profondément. Ce n'est pas : « Il faut que je me dépêche de m'améliorer ; je dois arranger telle et telle chose pour obtenir telle autre. » C'est plutôt une illumination. Et l'illumination sait que la perfection consiste à être au centre de tout. Le premier registre de l'illumination consiste à entretenir la flamme, pour rester au milieu de ce chaos, quel qu'il soit, tout en se sachant au milieu du fou rire cosmique.

C'est une expérience merveilleuse de vous voir en colère, en train de crier, et de savoir qu'en même temps le fou rire continue parce que vous savez que vous êtes simplement en train de jouer. C'est simultané. Ce n'est pas le mental qui vous dit : « Tu sais bien que ce n'est pas vraiment toi. » En même temps que vous criez, retentit cet énorme fou rire, parce que vous êtes en contact avec l'humour de cette partie de votre posture.

Lorsque nous commençons à vivre ce genre d'expérience, notre attachement à la colère, au pharisaïsme ou à la positionnalité s'efface. Au milieu de vos pleurs, le fou rire cosmique résonne, parce que vous savez que vous êtes simplement en train de vous jouer la comédie. Vous pouvez excuser cette comédie et vous dire : « Non, je n'ai pas vraiment besoin de faire cela » ; arrangez-vous ensuite pour que le corps passe à autre chose.

Lorsque nous arrivons à ces états de dissolution, où nous avons l'impression que nous n'y parviendrons pas, que cela va être terrible, il ne reste plus qu'à contacter le niveau de l'âme, dans l'hologramme de cette entité, en dehors de l'arène et de la posture. C'est ce qui est merveilleux dans le travail sur les vies antérieures car cela nous permet d'établir le contact. Cela nous offre un cadre de référence en rapport avec ceux dont nous avons été les fils, les amis et les amants. Nous les avons connus auparavant, nous pouvons donc choisir comment nous les voyons maintenant.

Si quelqu'un est au bord du désespoir, vous pouvez dire : « Laisse-moi te percevoir au niveau de l'âme. » Et vous le faites. Au moment où vous choisirez d'établir un contact conscient au niveau de l'âme, vos larmes cesseront, vous saurez qu'elles sont inutiles. Si quelqu'un désire mourir alcoolique ou victime, ça va, car toute sa personne ne réside pas dans ce choix. Il y a tout le reste de l'hologramme. Vous pouvez, par votre volonté consciente, par votre intentionnalité, fusionner avec l'autre partie de cette personne. C'est cela que j'appelle entretenir la flamme, créer la réalité. C'est l'expérience, la traduction de ce que je veux dire par « lâcher prise ».

Nos enfants ne fonctionneront pas avec nos vieux schémas. Il en restera peu. Ils pourront accéder au plus haut registre très rapidement. La Terre est la planète du *chakra* du cœur, nous devons donc posséder l'émotion nécessaire, mais il faut aussi sentir le cœur, comprendre la séparation et la fusion. Actuellement, nous pouvons à peine percevoir le concept de fusion : il nous est complètement étranger. Lorsque nous arriverons à ce registre, le corps émotionnel ne sera pas tel que nous le connaissons aujourd'hui. Lorsque nous purgeons nos vies antérieures, c'est pour l'éternité, nous effaçons l'Histoire ! L'âme est ainsi capable d'entrer dans des registres pour lesquels nous n'avons pas encore de cadres de référence.

« Essayer » est un terme que nous n'utilisons jamais parce qu'il est synonyme de résistance et de nage à contre-courant. Nous doutons toujours : « Je ne sais pas si je peux. » Mais *nous y arriverons*. Et pas ailleurs ou hors de nous. Il faut simplement le reconnaître, chercher à l'atteindre. Tout ce que nous faisons, c'est pousser sur l'enveloppe. Votre contenu émotionnel va remonter, que vous le vouliez ou non, que vous tentiez ou non de le maintenir caché, quoi que vous en fassiez. La meilleure chose à faire, c'est d'accepter cela.

Il se peut que vous vous retrouviez dans des situations très désagréables, à l'opposé de votre extase, parce que dès que le pendule se met en action dans des registres nouveaux, il se met à balancer très fort d'avant en arrière. C'est pour vous apprendre. Mais à chaque fois, ses balancements se font plus doux, et il monte un petit peu plus haut. C'est parce que vous ne tirez plus tant vers le bas. Le corps émotionnel n'éprouve plus tellement de colère ou de rage car il s'intéresse à ce qui se passe de l'autre côté. Il commence à sentir de nouvelles fréquences. Il n'y a plus de séduction là-haut. Alors au début, l'ego et le corps émotionnel essaient de vous piéger. J'appelle cela « l'initiation », et la seule chose à faire c'est de la reconnaître. À l'instant où vous clarifiez quelque chose, vous sentez l'amour profond, et la première personne qui vous approchera essaiera de vous tester là-dessus. Elle stimulera votre peur, votre séparation ou votre jugement. Cette personne cherchera à vous tester, à savoir réellement qui vous êtes, et nous vous recommandons de « lâcher prise ». Lorsque vous la rencontrerez, fusionnez avec cette personne, laissez-lui voir qui vous êtes réellement. Alors vous trouverez l'extase, la nouvelle fréquence.

## 11

# MORT ET SAMADHI

**La culpabilité innommable et le jugement vous emprisonnent dans le corps pour que vous répétiez le corps, pour que vous ne revêtiez que le corps et non pas la lumière, votre véritable fréquence.**

*Karin a commencé à conduire vers l'âge de douze ans, dans les environs de notre village. Je voulais être sûre que, le jour où elle aurait à affronter les grandes routes, elle serait une conductrice avisée. Elle avait maintenant quatorze ans et, bien qu'elle conduisît plutôt la voiture de son père, je me sentais tout à fait en sécurité lorsqu'elle était au volant de notre énorme camionnette. Il était tard dans l'après-midi, nous passâmes la colline de Lamy vers la maison. Nous étions en plein dans une conversation politique très animée, lorsque, en ratant un virage, elle perdit le contrôle du véhicule. Nous sortîmes de la route. Une voix intérieure me soufflait qu'elle devait enlever ses mains du volant sinon nous serions tuées. Le temps s'arrêta tandis que je considérai cette affreuse possibilité. Puis le véhicule fit une embardée et je fus projetée derrière le siège du conducteur. Je me souviens de la voix me commandant de devenir molle. J'étais comme une poupée de chiffons, lancée du sol au plafond, avec les bras et les jambes écartés. Je me concentrai pour devenir molle et je ressentis même l'impression bizarre que tout ceci était plutôt amusant. Après quatre tonneaux, la camionnette s'arrêta en l'air, l'avant planté dans le sol. Plusieurs conducteurs qui nous suivaient accoururent pour nous sortir de là et nous couchèrent sur le sol. Ce qui suit est l'une des plus étonnantes démonstrations de conscience multidimensionnelle qu'il m'ait été donné de vivre.*

*Alors que nous étions toutes deux étendues le dos au sol, nous joignîmes nos doigts. Karin pleurait et me suppliait de ne pas mourir. Je lui dis de ne pas avoir peur, de me laisser partir, et je ressentis une terrible envie de m'élever hors de mon corps. C'était une véritable poussée de l'intérieur. Pendant ce temps, je voyais un homme qui se tenait debout et qui, dans sa compassion, envoyait les flots d'une énergie de guérison dans ma direction. Je lui demandai de placer ses mains du côté gauche de ma tête. De manière tout à fait lucide, je demandai à un policier arrivé sur les lieux, de transmettre des informations très précises à l'hôpital (que je refusais les médicaments, la chirurgie, etc.) et lui donnai les noms et numéros de téléphone de cinq personnes à prévenir immédiatement.*

*Simultanément à tout cela, ma conscience m'amena vers deux inoubliables expériences d'autres dimensions.*

*En m'élevant hors de mon corps allongé sur le sol, j'arrivai à une sorte d'interface où je fus accueillie – ou, devrais-je dire, arrêtée – par un groupe d'êtres énergétiques. Je fus horrifiée parce qu'ils ne ressemblaient pas à des êtres rayonnant de lumière venus pour m'accueillir, mais plutôt à des nuages noirs et menaçants, s'opposant à mon entrée. Comme je persistais ils devenaient plus agressifs. Tout à coup, une jeune femme (qui avait habité ma maison quand je vivais en Bolivie et qui avait trouvé la mort un an plus tôt dans un accident) s'avança vers moi. À ce moment, ils crièrent tous, à l'unisson : « Va-t'en, tu ne peux pas venir ici, tu ne peux pas venir maintenant. » Je fus tellement abasourdie que je retournai dans mon être, confuse et perdue. Où était l'accueil paradisiaque et plein d'amour dont j'avais toujours entendu parler ? Ce fut là un des moments les plus lugubres de mon existence.*

*Tout à coup, je pris conscience d'une sensation de mouvement, comme si je flottais, comme si je m'élevais. Plusieurs globes de lumière aux couleurs de l'arc-en-ciel apparurent. J'étais dans leur sphère de rayonnement et recevais leurs transmissions – à ce qui semblait être la vitesse de la lumière – en rapport avec la source, la signification et les lois de la vie en général. Chaque particule de mon âme multidimensionnelle était caressée et nourrie. Je baignais dans la béatitude.*

*Il fallut trois semaines pour démêler mes cheveux de ce tourbillon centrifuge. Ils se dressaient littéralement sur ma tête en petites vrilles compactes. Les gens autour de moi s'inquiétaient de mon apparence, disant que j'étais toujours sous le choc. Je semblais transparente. Dans mes yeux, un regard brillant les dérangeait presque. Mon visage rayonnait. Cela me surprenait lorsque je me regardais dans le miroir, à cause de la profondeur de l'énergie renvoyée, mais je savais ce que c'était et je le saurai toujours. La prochaine fois que j'arriverai au seuil, ce sera au bon moment.*

La principale leçon que nous ayons à apprendre sur terre est l'expérience de la mort et de *samadhi*. Deux énergies liées, entrelacées, dansant ensemble, inséparables. L'une coulant dans l'autre et réciproquement. Nous sommes ici pour percevoir de ce côté du voile ce que représente la capacité à traverser le canal de la mort vers le non-manifeste, vers ce qui est notre être véritable, vers ce qui est divin, énergie universelle, omniscience, *samadhi* : l'illumination.

L'illumination ne survient qu'avec la poussée, avec la traversée. Voilà le cadeau de la mort. La mort n'est pas une énergie sombre, elle n'est pas opposée à la vie. C'est simplement un départ. Lorsque nous adoptons notre corps, que nous sommes retenus dans les griffes de notre corps émotionnel, nous ne pouvons pas nous élancer dans cette lumière, la réalité de notre être dans sa forme non manifeste. Nous entrons dans notre corps et nous prenons l'aspect, la sève, de ce corps émotionnel dans lequel sont imprimées toutes les expériences de la vie. C'est l'empreinte qui passe de corps en corps, qui crée la spirale descendante de la peur, qui nous empêche de considérer la mort depuis une position de maîtrise.

Ce qui subsiste en nous alors est l'attachement à l'expérience, cette absorption des fréquences émotionnelles de la peur. Cela nous empêche de palper et d'utiliser pour l'expérience ce cadeau qu'est la mort. La mort n'est qu'un passage, un abandon, qui nous guide vers l'expansion, vers le tourbillon de l'expansion, notre être véritable, débarrassé de ce qui l'encombre. Alors nous nous attardons, dans notre vie, dans notre refus, dans notre peur. Et nous devenons obsédés, nous devenons notre peur. En nous cristallisant dans cette peur, nous perdons notre vie. Nous perdons le but, le plan de notre choix, qui est de venir ici pour entrer dans la danse. De nous émane la peur, et nous découvrons que nous ne pouvons pas aimer, que nous ne pouvons pas bouger, nous ne pouvons pas parler du cœur parce que nous avons créé cette empreinte matérielle et physique qui nous sépare de notre être véritable, du chuchotement de notre être multidimensionnel, immortel et divin.

La mort est un déchirement, une séparation de ce dans quoi nous sommes actuellement impliqués. Nous nous créons des vies de résistance, résistance à la capacité de recevoir notre cadeau. Et nous répétons le karma, la pulsation, apportant quelques modifications à chaque fois, mais en restant toujours dans le même thème, dans la fréquence à laquelle nous sommes toujours attachés. Nous ne permettons pas à l'âme d'élargir sa recherche. Mais en entrant dans le corps, elle a choisi l'expansion. Le divin évolue à travers cette dimension, à travers notre incarnation, à travers notre être physique. La sensation, que l'on trouve juste de l'autre côté du tunnel de la mort, est extatique, c'est la liberté. C'est *samadhi*.

Pour vivre et travailler avec l'énergie de la mort, nous devons accélérer le temps, accélérer notre passage dans le tunnel qui nous mène « chez nous ». On peut choisir d'aller et venir, d'un côté à l'autre, selon l'inévitable pulsation de l'univers entre le manifeste et le non-manifeste, directement, sans résistance, sans cassure. Le cadeau offert à tous ceux qui entreprennent ce travail, c'est de retourner souvent au moment de la mort pour que nous sachions le reconnaître et nous libérer de notre histoire. Nous pouvons arriver dans un lieu hors du temps, dans l'éternel présent. Chaque fois que nous découvrons une vie et que nous nous y reconnaissons, nous pouvons parler à la structure moléculaire de ce véhicule et lui permettre de relâcher cette histoire.

L'histoire vécue par notre corps génère la dépendance, la peur ; celles-ci nous attirent de ce côté-ci plutôt que de l'autre, séparé de nous par la fine membrane de la réalité. Il est merveilleux de pouvoir faire l'expérience de ces multiples vies, ne serait-ce que pour apprendre à reconnaître la mort. C'est pourquoi, pendant chaque session, ce moment nous intéresse particulièrement, par le choix que vous créez lors de ce passage. La culpabilité et le jugement vous emprisonnent dans votre corps pour que vous répétiez le même corps, pour que vous ne revêtiez que votre corps et non pas la lumière, votre véritable fréquence.

Chaque fois que vous voyez une mort que vous reconnaissez comme vôtre, vous vivez un moment de grande sagesse. Si vous vous arrêtez à l'instant de ce choix, vous pouvez vous élargir, traverser la membrane vers *samadhi*, c'est-à-dire le savoir reconnaissant la perfection de ce choix. Si vous deviez refaire un choix, vous vous rendriez compte qu'il ne vous restait plus que la mort dans cette vie-là. Il ne restait plus rien pour vous, plus d'amélioration possible de la vie, alors vous étiez prêt à partir. Seule l'empreinte de votre corps émotionnel décide de cette danse de la mort, que vous soyez violent avec vous-même, que vous soyez ou non maître de vous-même, que vous puissiez convaincre d'autres âmes de vous accompagner dans la violence, ou bien que ce passage s'effectue avec la connaissance, en pleine lumière.

Le corps transporte la plus grande partie de l'esprit. Lorsque nous regardons un corps, nous pouvons voir l'histoire de l'esprit. Il est de ce côté-ci du voile de la manifestation, et il détient le savoir, les choix et les refus. Il contient toutes les empreintes du corps émotionnel. Alors si nous épluchons notre mort et regardons les différents choix des morts et des drames de notre passage, nous découvrons l'essence. Nous passons et repassons dans nos morts. Finalement, nous arrivons à la mort dans la grâce. Nous arrivons à la libération, à l'abandon de la tâche, de la danse, de l'apprentissage. Bienvenue de ce côté du voile !

Alors, nous sommes capables d'amener le *samadhi*, la connaissance, de ce côté. Nous pouvons attirer l'extase de ce côté, dans la manifestation. Puis la conscience enregistre : « J'ai terminé, il n'y a plus rien à faire pour moi ici, je peux y aller, je peux me glisser sans effort. » Lorsque vous arriverez à une mort où vous avez fait cela, où vous avez étendu le corps avec grâce, bénédiction et amour pour le cadeau qu'il vous a fait, pour le cadeau qu'il a offert à votre âme divine, vous serez un maître !

La structure moléculaire de ces corps que nous transportons actuellement peut être altérée à tout moment. À tout instant, nous pouvons abandonner assez de résistance pour attirer la lumière et vivre pleinement, ce qui est notre droit de naissance. Notre droit de naissance, c'est aussi de traverser les murs, de ressusciter les morts, de reconnaître le choix de toute âme, qu'il soit un être affamé, un petit enfant ou un parent aimé. Le droit aussi d'avoir le pouvoir, la sagesse de faire le choix de vivre ou de mourir dans la grâce.

Dans notre corps, le problème tient au fait que non seulement le corps émotionnel s'attache à nos péchés, mais aussi que nous nous attachons l'un à l'autre. Nous avons de grandes difficultés à accepter ce passage de la mort et de l'abandon. Notre conscience se fixe sur la mort et non sur l'extase, non sur l'expansion et la liberté. L'énergie générée au moment de la mort est très profonde. Si vous avez peur de la mort, allez aux côtés d'un mourant et vous ferez une expérience extraordinaire. L'univers ne gaspille jamais l'énergie. Dans l'univers tout est prévu pour le plus grand bien : aucun moment, aucune pensée, aucun choix n'est inutile. Il n'y a pas de gaspillage, la loi cosmique l'interdit. Lorsque vous vous trouvez en présence de la mort, il y a ce déplacement de l'attention de ce côté du voile et de l'autre. Il y a une énorme décharge d'énergie lorsque toute l'énergie électromagnétique est relâchée. Il y a abandon des messages du choix de l'âme, de l'enseignement de l'âme, une précipitation vers cet état d'expansion qui se propage toujours plus loin, qui fusionne, qui touche et qui n'est plus jamais seul.

C'est une expérience extraordinaire d'être le témoin de la mort, car cela correspond à un moment de relâchement. Notre peur est toujours en rapport avec les souvenirs du corps. Il est merveilleux de pouvoir vivre l'expérience des vies multiples, de voir l'hologramme des annales *akashiques*, qui forment en fait les registres de notre expérience ici. Lorsque les gens repartent de l'Institut, avec les expériences qu'ils y ont vécues, pour retourner à leur propre karma et à leur vie quotidienne, ils portent en eux la graine du savoir qui leur permet de demeurer complètement libres.

Comment pouvez-vous craindre le jugement de quelqu'un lorsque vous êtes mort et revenu ? Lorsque vous reconnaitrez avec joie que chaque âme a le choix, vous verrez que chacune choisit d'être la victime ou le bourreau, choisit de rester ou de partir. Comment est-ce possible ? Si vous pouvez transformer cette petite lueur de conscience en une flamme, et la ramener dans votre vie quotidienne, vous ne pourrez plus avoir peur de la réprobation ni vous laisser impressionner par les remarques d'un parent. Simplement parce que l'enfant qui est en vous a toujours envie d'aller de l'avant dans l'aventure de la vie. Il faut reconnaître que lorsque nous fusionnons le corps avec la lumière – la mort et *samadhi* –, nous nous libérons totalement. Nous savons que le corps émotionnel ne choisit jamais cette mort parce qu'il craint de ne pas entendre l'écho de son nom. Il est impliqué dans son existence. Et si toutes les vies, tous les êtres n'étaient pas exprimés, pas entendus ?

À l'Institut, nous enseignons aux gens à exercer leur calme, à garder leur attention fixée sur ce que leur je supérieur peut leur apprendre pendant les sessions. Grâce à cette attention, ils savent, sans l'ombre d'un doute, que les cellules de leur corps meurent en permanence. Chaque cellule de notre corps vit selon un cycle de sept ans ; les allées et venues sont constantes. Nous existons au niveau de notre attention. L'ego peut lâcher prise. Nous devons avancer.

Notre travail nous a permis de nous rendre compte que l'enfant qui est en nous est toujours prêt, parce que l'enfant n'est pas enfermé dans les limites du karma de ce corps. Même son aura scintille, se purge, crépite. L'enfant n'est pas figé et peut se précipiter dans le non-manifeste à tout instant. Son cerveau peut battre à la fréquence alpha qui lui permet de contacter son être multidimensionnel, d'autres royaumes, d'autres consciences. Il lui permet aussi de laisser tomber les peurs contraignantes de la mémoire du corps émotionnel, en l'avertissant : « Attention, je ne vais plus *exister* ! » Nous *existerons* toujours. Nous avons toujours *existé*. Nous mourrons et mourrons encore ; nous naîtrons et naîtrons encore.

C'est le temps passé dans ce karma et que nous transportons dans l'entonnoir de la mort qui déclenche la peur. Nous pouvons passer tout de suite ou bien recommencer plusieurs fois dans notre vie. Si nous craignons la finalité, commençons à nous exercer. C'est de cela que je parle lorsque nous regardons nos vies antérieures et faisons l'expérience de la mort.

Pourquoi tant de gens viennent-ils faire ce travail au Light Institute ? Le cadeau qu'ils reçoivent au cours des expériences qu'ils y vivent peut rayonner vers tous les êtres de leur entourage karmique. La paix qu'ils ont acquise au contact de la mort et de *samadhi* leur permet de dire à l'ego : « Ça ira, abandonne l'enfant de deux ans, abandonne l'adolescent révolté. » Vous pouvez abandonner le reniement et faire l'expérience de cette traversée permanente dans votre vie. Cette pulsation existe dans chaque registre de votre réalité. Mieux et plus vous pourrez vous libérer, mieux vous connaîtrez *samadhi*, le savoir.

Se décharger de la mort dans le corps physique, se décharger de tout ce que l'on retient, génère l'extase, que ce soit dans le mental, dans les émotions ou dans le corps physique. C'est vrai. C'est le cadeau que l'on reçoit. C'est le mouvement de la loi cosmique. Tout bouge en permanence. L'astuce consiste à enseigner cela au corps émotionnel qui nous retient dans les contraintes de ce véhicule, de nos relations avec les autres, de notre mental. Il suffit de sauter le précipice. Nous devons devenir ce qui bondit, l'enfant qui saute en avant pour rencontrer la réalité, pour rencontrer la vie.

Tant que nous n'aurons pas embrassé la mort, nous ne pourrons pas être des maîtres dans cette dimension. L'univers n'est pas simplement la création. Ce serait vraiment la bousculade s'il n'y avait que la création. Il y a la création, puis la dissociation, puis la création, comme dans l'ADN, passant de l'intérieur à l'extérieur. Chacun d'entre nous est venu sur terre pour devenir un maître dans cette vie. C'est un moment pivot dans le choix de notre âme collective. Nous sommes ici pour offrir nos cadeaux, pour laisser s'exprimer toute la connaissance. Vous n'y parviendrez pas tant que vous retiendrez le contenu de votre corps émotionnel, car cela met des nuages, sème la confusion et crée la positionnalité qui dit : « Je suis ici, j'ai raison, et je suis comme ça. » C'est une démarche solitaire. Et nous devons maintenant utiliser cette capacité à laisser vivre le maître qui est en chacun d'entre nous, qui attend de naître dans l'aspect conscient de notre réalité.

Nous devons traverser le voile. Nous devons retourner au non-manifeste, ramener et introduire cette connaissance qui nous permet de lâcher prise. L'un ne se produit pas sans l'autre. Le *yin* n'existe pas sans le *yang*, et vice versa. La pulsation du corps, des cellules (catabolique, anabolique) est constante. La mort est juste entre les deux, un petit espace qui ne peut voir ni dans l'une ni dans l'autre direction.

Nous devons maintenant nettoyer, accélérer, éduquer et embrasser notre corps émotionnel pour qu'il puisse faire le saut et abandonner l'ego. Que cela se fasse au niveau cellulaire ou émotionnel, au niveau de la personnalité, ou à un degré élevé de conscience, peu importe. Nous pouvons nous voir dans nos limites, dans la noirceur de la mort ou dans l'hologramme qui rit. Nous devons devenir lumière. C'est le don de *samadhi*. C'est le cadeau de la mort. Parce que c'est un grand éclat de rire que de mourir et de se retrouver en train de rire ! Et c'est exactement ce qui se passe. La conscience fait le bond, et vous revoilà. Et vous revoilà encore.

Recherchez ces expériences qui vous mettent en face de la mort. Que ce soit la mort du petit ego (« je ne peux pas accomplir cette tâche »). Vous pouvez mourir ! Qu'y a-t-il que vous ne puissiez accomplir ? Vous devez embrasser chaque moment qui vous approche de la mort. Et pour apprendre à faire cela, donnez-vous l'espace nécessaire dans votre vie. Vous pouvez affiner votre attention pour qu'elle écoute votre véhicule physique. C'est le plus beau cadeau de l'âme, parce qu'elle permet sa propre évolution par l'expérience. Dans le véhicule, vous pouvez écouter la mort des cellules. Vous pouvez écouter, reconnaître et admettre ce phénomène partout. Vous pouvez le faire avec légèreté, avec humour. Et vous pouvez vous engager sur le chemin de ce phénomène pour le tester et devenir assez fort pour vivre. Une fois que vous aurez entendu mourir les cellules, vous serez prêts à entendre leur naissance. C'est un murmure divin !

Je suis passée quatre fois par le canal de la mort. J'ai tenu dans mes bras des bébés mourants. Je me suis frottée à l'odeur et à la vision de la mort. Je l'ai complètement décristallisée au point qu'elle peut me faire sourire, parce que j'ai permis à ma conscience de traverser le voile et de passer de l'autre côté. Nous serons tous concernés par ce processus parce qu'il fait partie de notre maîtrise. À la mort d'une de vos connaissances, ou même d'un inconnu, si vous amenez votre conscience à un registre supérieur à la peur – au registre où l'enfant dit : « Permets-moi de savoir véritablement, laisse-moi fusionner avec toi et je saurai » –, vous ferez l'expérience de cette réalité, de cette profonde sagesse du choix de chaque être qui passe par l'initiation de la mort. Car la mort est une initiation de la vie et nous devons commencer à l'exercer, à l'utiliser.

Des gens meurent autour de nous. La seule chose à faire est de quitter notre karma personnel et le conditionnement qui affirme « Je suis séparé », et de permettre à la vague de conscience d'aller vers son but, que ce soit une cellule, un être aimé ou un inconnu. Entrez en contact avec l'expérience. Vous aurez une révélation de l'extase en permettant à votre système énergétique de prendre conscience de la libération. Vous pouvez apporter votre aide, au moment de la mutation qui est en train de se produire, pour libérer cette énergie, pour reconnaître que vous êtes capable de participer à la libération de l'énergie qui permet à un être d'aboutir. L'aboutissement c'est *samadhi*, parce que la reconnaissance est la connaissance, au-delà de toute résistance. C'est la maîtrise.

Nous pouvons palper et stimuler. Nous pouvons rayonner dans notre vie personnelle pour que tous ceux qui nous entourent et qui vivent encore dans un état de peur puissent ressentir l'accélération qui s'est produite en nous. La ressentir par notre simple présence et à un quelconque registre de leur être, établir le contact et se voir encouragés à lâcher prise. Sachant que lâcher prise ici, c'est être accueilli de l'autre côté. Commençons dès maintenant à pratiquer cela, parce que la mort fait rage actuellement, non seulement dans nos cellules individuelles, mais au sein de notre famille humaine. Et on nous demande de dissoudre la coagulation qui obstrue le canal et laisse des êtres enfermés dans la dimension astrale.

Si nous mourons sans emmener avec nous notre corps émotionnel, en le laissant là, gisant dans la confusion, le pharisaïsme, la positionnalité, le jugement ou la vengeance, alors le processus n'est pas complet. Alors nous ne franchissons qu'un échelon en dehors de notre véhicule physique et nous nous arrêtons à la fréquence de l'astral. Le corps astral et la dimension astrale ont poids, matière et autocollants. Ils nous enferment dans la roue du karma et nous forcent à revenir dans des corps. La dimension astrale à notre époque est si polluée – à cause du nombre incroyable de corps qui quittent ce monde dans la confusion, la positionnalité et l'esprit de vengeance –, qu'elle nous étouffe littéralement. La Terre étouffe également. Elle s'apprête à se dépouiller, à frissonner pour provoquer une libération, parce que la tension monte. Il faut que nous soyons conscients de cela pour pouvoir, dès maintenant, changer notre destinée.

Puisque nous tournons le dos à la mort, dans tous les domaines de notre culture, elle nous appelle. C'est un grand cadeau qui nous oblige à nous retourner pour voir la mort en face et, ainsi, faire face à notre vie, à notre maîtrise. La densité de la dimension astrale affecte toute la planète sur laquelle nous vivons. Toutes les prophéties avancées pour notre époque se révèlent, comme un cadeau pour nous éveiller, pour nous permettre de réaliser notre mission : si nous pouvions être libres, sans positionnalité, nous pourrions ressusciter les morts, arrêter les tremblements de terre, ou nettoyer les déchets nucléaires. Nous pourrions danser pleinement nos vies.

Nous saurions soulager profondément le monde de sa confusion, prévenir et alléger la souffrance causée par cet étouffement astral, en prêtant notre conscience pour nettoyer la dimension astrale des esprits qui y sont bloqués.

Dès maintenant, vous pouvez entrer dans le registre astral et tirer les énergies prisonnières vers la lumière, pour qu'elles puissent s'installer dans leur essence qui n'a pas de forme. Voici l'exercice : faites entrer la fréquence de la lumière par le dessus de votre tête, et faites-la ressortir par le plexus solaire, pour que votre champ aurique s'élargisse de plus en plus, pour que vous preniez part au mouvement de cette énergie, cette lumière qui entre et sort. Identifiez-vous à la puissance de la lumière.

Demandez à votre je supérieur de localiser l'esprit d'une personne ou d'un groupe d'individus que vous désirez aider à s'élever hors de la dimension astrale. Lorsque vous entrez en contact avec leur énergie, commencez simplement à leur envoyer des rayons d'amour. Puisque le rose transporte la fréquence de l'amour, il est conseillé d'utiliser cette couleur. Attirez le rose en vous et faites-le ressortir par le cœur. Si la communication coule bien, il se peut que vous soyez amené à leur expliquer qu'ils sont prisonniers et qu'ils doivent continuer vers la lumière.

Ensuite, amplifiez la lumière afin qu'elle devienne une large route de lumière blanche s'étendant vers les cieux. Demandez-leur de penser à ceux qu'ils aiment et qui les attendent, et dirigez-les sur cette route de la transcendance vers la lumière. Pour bien des âmes, il est d'un grand secours de se souvenir des connexions émotionnelles avec « l'autre » côté. Ce sont leurs connexions émotionnelles négatives qui les maintiennent de ce côté-ci. Demandez-leur simplement de visionner leur famille et dites-leur d'aller les retrouver.

Il arrive que ceux vers qui ils retournent soient des êtres qu'ils ont connus dans une autre vie, et auxquels vous n'êtes pas connectés. Leur conscience, leur énergie émotionnelle, a besoin de se fixer sur une énergie reconnaissable parce que la peur est très forte.

Remarquez maintenant que, dans votre structure moléculaire, vous pouvez ressentir l'électricité de cette libération. Permettez-vous de connaître cette fréquence électrique, orgasmique. Pour cela, attirez à vous, par votre savoir et votre grâce, la lumière et faites-la rayonner vers l'extérieur en répandant la grâce. Puis créez à nouveau la route verticale de lumière blanche qui commence à élever l'énergie. Continuez vers l'extérieur et vers le haut jusqu'à ce que vous ne rencontriez plus aucune résistance. Là encore, attendez de ressentir la stimulation électrique, puis attirez la lumière dans votre être, et permettez-vous de rayonner. Faites rayonner votre lumière dans le registre éthéré de lumière qui relie tout. Vous en connaîtrez la réussite au sentiment euphorique de joie et de liberté éprouvé. Vous sentirez une clarté spatiale autour de vous, comme la différence entre des nuages noirs et un ciel bleu.

Nous avons tous fait l'expérience d'autres dimensions, plus enrichissantes, plus exquises que notre dimension physique. Nous devons diriger notre conscience pour participer à l'élévation de la dimension astrale, pour que ces êtres puissent continuer, pour que *nous* puissions continuer. Nous pouvons dès aujourd'hui commencer à exercer cette capacité, car c'est pour cela que nous sommes venus sur terre. De plus en plus nombreux, nous serons appelés à faire rayonner la vérité : parler avec le cœur, vivre la connaissance, être *samadhi*, être un maître.

## 12

## L'EXTASE : UNE NOUVELLE FRÉQUENCE

**C'est seulement lorsque nous nous serons suffisamment dissous pour nous percevoir en son et lumière que nous pourrons chevaucher les courants de la vibration extatique.**

Par sa sonorité, le mot extase crée une sensation de vibration, un mouvement de haut en bas, une cavité, un évidement. En tourbillonnant, l'extase crée une image, une sensation de scintillement élevé. C'est un scintillement qui ondule vers l'extérieur et ne prend pas racine dans nos réalités quotidiennes, qui n'a pas d'attache avec le mental.

L'anatomie de l'extase est reliée au son, à une vibration de staccato aigu qui donne, énergétiquement, une sensation de mouvement rapide. L'extase traverse les passages de cette vibration avec facilité et débouche sur les courants ondulatoires du son et de la lumière. C'est seulement lorsque nous nous serons suffisamment dissous pour nous percevoir en son et lumière que nous pourrons chevaucher les courants de la vibration extatique.

Il existe plusieurs registres de l'extase reliés aux fréquences de la conscience. Tout d'abord, la réaction à l'extase est électrique. Nous pouvons utiliser les systèmes électriques des passages d'énergie dans notre véhicule physique, ainsi que dans nos corps subtils, pour amener notre conscience dans le royaume de l'extase.

Pour y parvenir, il suffit de permettre à l'attention elle-même de fusionner avec cette fréquence électrique. Nous devenons la décharge électrique elle-même, alors qu'elle passe le long du synapse, se précipite dans les *chakras* et les méridiens du corps, et crée le frisson qui réveille et fait exploser les soixante-douze mille *nadis* du corps.

L'extase se produit lorsque la conscience fusionne sur elle-même, lorsqu'elle s'enroule dans la forme, et que toutes les particules et sous-particules se bombardent mutuellement. Avec la friction due à la proximité des particules entre elles, la force créatrice explosant jaillit vers l'extérieur, créant et portant la lumière, libérant l'énergie extatique. L'interface entre les expériences extatiques et notre réalité humaine se situe là où nous trouvons la décharge électrique, la connaissance. Alors que nous portons délibérément notre attention sur la sensationnelle qualité électrique de tout notre système physique, elle commence à s'élever sur l'échelle, à faire monter la lumière toujours plus haut sur la grille des fréquences, en créant, comme par combustion, de plus en plus d'énergie. Au sein des qualités électriques de la nature, il existe un cycle de fréquences extatiques qui accompagne la pulsation universelle. Il y a les monts et les vaux qui décrivent la qualité des fréquences de l'extase.

L'extase commence avec une énergie surélevée accordée au corps émotionnel. Cette énergie est le ravissement. Il se produit lorsque l'attention s'attache à la fusion d'un être. C'est un état de tension surélevée qui peut être comparé à l'inhalation du souffle divin, *prana*, lorsque la conscience se perçoit en relation avec ce *prana*, avec le nourrissement de cette énergie de force de vie. Il y a aspiration et retenue d'énergie, suivies et accompagnées d'une grande expiration, qui est la béatitude. La béatitude, c'est la vallée, l'énergie agréable et satisfaisante de l'exhalation qui se laisse fondre et couler. Lorsque la béatitude et le ravissement s'unissent, commence leur palpitation divine ; ils entrent et sortent rapidement, créant une décharge semblable à celle de la conception. Ce mariage de la béatitude et du ravissement crée l'extase.

L'extase s'élance vers le haut, propulsée par sa propre force de vie, par son être, se transcendant jusqu'à devenir une énergie sans source, jusqu'à devenir la source elle-même. C'est la source qui crée les mondes, la fusion dans la pensée, dans la lumière et dans la forme. C'est la source qui crée les supernovas. Puis elle s'éteint elle-même pour reprendre après un autre arrêt. C'est le merveilleux moment du ravissement, récompensé par la béatitude, qui explose indéfiniment dans l'extase. C'est la force créatrice originelle qui traverse l'univers. Nous utilisons les nuances de ces mots, en rapport les uns avec les autres, pour explorer la fréquence extatique, qui est en soi un champ de force d'énergie divine dans lequel nous pouvons apprendre à baigner notre conscience, à ancrer notre réalité, à choisir notre voie. La source se répand dans toutes les directions sur le courant de l'extase qui ne connaît pas de limites ni de séparations.

Puisque notre propre création provient de la source créatrice, c'est alors le murmure d'un composant structurel englobant le mental cellulaire. Pourtant, c'est un organe structurel qui reste latent au royaume des compositions possibles. À travers une conscience intermédiaire, ce composant a été relâché et autorisé à commencer une fréquence qui, étant devenue manifeste, s'étant totalement éveillée, change la composition de l'ensemble. C'est pour cela que nous devons chercher une énergie nouvelle, une nouvelle fréquence : un être extatique crée des vagues qui génèrent des réalités nouvelles inimaginables... la cocréation avec l'univers.

Le mental ne peut pas faire fleurir cette énergie. C'est une montée, une accélération de nos fréquences qui doit nous amener à cette gamme de possibilités d'évolution. Notre conscience collective a été longue à réagir à l'écho des expériences extatiques isolées, obtenues si rarement par des êtres souvent fermés à l'interface du partage quotidien des humains. Ces quelques saints qui connaissent l'extase ont atteint la fréquence en se séparant de toutes les distractions de ce bas monde, mais ils ont produit un chuchotement qui a été entendu et perçu par la trame collective d'autres consciences. Accordons nos fréquences pour reproduire les formules palpitantes de l'extase. Cette fréquence, avec son potentiel divin illimité, peut créer une mutation évolutive de nos corps physique, émotionnel et mental, et nous faire devenir d'extatiques corps lumineux de conscience !

La fréquence extatique, placée dans le médium d'un corps humain, transforme automatiquement la densité de toute énergie emprisonnée. L'extase n'est pas un but que l'on peut atteindre par notre système de reniement, ou selon une règle qui nous projette vers un vague point futur le long d'un continuum de réalité inachevée.

L'extase est semée dans les composants de la source de notre mental cellulaire. Ainsi, nous devons permettre à ce gigantesque conditionnement crétacé, que nous avons créé autour de nous en nous isolant dans la troisième dimension, de s'effondrer. Nous devons permettre à ce coquillage de retourner à son état fluide de potentiel illimité. Afin de nous trouver dans le ravissement, dans les fréquences de l'extase, nous devons relâcher notre attention des constructions physiques et linéaires selon lesquelles nous sommes nés, vivons et mourons ; nous devons abandonner cette seule définition de notre expérience dans le temps. Nous devons simplement nous déposséder de toute pensée pré-organisée et tourner notre regard vers les particules de lumière qui utilisent la fréquence de la lumière. Cette énergie est en nous et, par elle, nous pouvons redécouvrir notre source divine. Nous pouvons en permanence nous transporter sur ce registre, même si notre capacité à rester dans ces fréquences de l'extase est encore très limitée. Pendant des périodes de plus en plus longues nous pouvons devenir la conscience extatique elle-même, retournant simplement à sa mémoire indélébile bien qu'éloignée. Nous pouvons la ramener. Si nous désirons l'extase, il se pourrait que notre réalité devienne une extase permanente.

Nous pouvons aborder la question par étapes. La première consiste à apprendre à faire l'expérience de l'électricité à l'intérieur de notre corps. Nous pouvons véritablement fixer notre attention sur l'électricité générée par les cellules de notre corps, nos méridiens énergétiques, ainsi que dans le flux de notre système de *chakras*. Nous pouvons utiliser des énergies qui nous permettent d'exploser hors de nos modèles quotidiens vers des fréquences plus élevées : par exemple, devenir musique ou lumière. Nous y arriverons en fusionnant dans l'orgasme et en devenant la pulsation sexuelle elle-même. En cessant de nous accrocher à la forme avec le modèle linéaire de l'ego, nous élargissons l'arc de notre conscience. En étendant notre perception à tous les points de l'univers, dans n'importe laquelle des milliards de réalités multidimensionnelles, l'état d'extase nous est accessible. Nous entrons dans l'extase lorsque notre énergie est libérée, lorsque nous dissolvons un blocage dans notre fonctionnement émotionnel. Tout ce qui est emprisonné dans notre conscience et dont nous nous déchargeons, que ce soit mental, physique ou émotionnel, provoque une accélération et permet à l'extase de gagner du terrain.

Une fois que la décharge électrique a traversé les synapses, les *chakras* et les *nadis* du corps, un sentiment de fusion consciente s'installe. Nous vivons une expérience extatique et nous redevenons enfant, ce qui renforce intensément la nouvelle réaction au sein de notre grille de fréquences.

Nous pouvons utiliser l'expérience comme des points de passage, comme des seuils vers les états extatiques. Seul le choix de la conscience est nécessaire. Une fois que l'on a fait l'expérience d'un moment extatique, on peut toujours y retourner, pas nécessairement en se souvenant de l'expérience qui a précipité la fréquence extatique, mais en projetant l'attention, comme un rayon laser, dans la fréquence elle-même. Celle-ci, une fois vécue, est définitivement enregistrée. La conscience de la fréquence cellulaire – une fois qu'on l'a trouvée – est un bon endroit pour commencer à assouplir l'image de soi car, en écoutant l'énergie de la cellule et les électrons en mouvement dans la cellule, on accélère automatiquement. C'est dans le corps que se fait l'organisation de notre conscience cellulaire, et nous pouvons faire l'expérience d'états extatiques tout en étant dans notre nom et dans notre corps.

Lorsque nous contactons le je supérieur, nous entrons immédiatement dans les royaumes de l'extase, et nous entamons l'interface entre notre nom et notre corps actuels, et notre expression multidimensionnelle, illimitée et divine. L'extase est le je supérieur en action, la danse du je supérieur dans notre être, l'union. La présence du je supérieur est toujours extatique si nous maintenons notre attention sur cette fréquence. L'extase ne peut être obtenue par la lutte, la discipline ou le pharisaïsme, mais seulement par le lâcher-prise, l'abandon à une pulsation divine, sans effort. Nous devons simplement retourner à nos origines, à la conception, à la fusion avec la force divine extatique qui nous a créés.

L'expansion intense au moment de l'extase est souvent suivie d'une fermeture brutale des « fenêtres vers le ciel ». Le nouveau je est soudainement nu. Dépouillé de ses anciennes identités, il fait volte-face pour retourner vers l'obscurité séduisante et familière. Ce qui est généralement approuvé par ceux de notre entourage, soulagés que nous continuions à jouer notre rôle dans leur film. À notre tour, nous nous accrochons désespérément à l'idée que nous pouvons régresser à notre état antérieur. Si nous pouvions observer cela depuis une position extérieure, nous partirions d'un énorme rire cosmique. À notre insu, nous avons déjà sauté le précipice, et toutes nos contorsions désespérées pour retourner de l'autre côté sont vaines.

La séduction ne fonctionne que si elle est inconsciente. Dès que nous avons enlevé le voile, nous nous extirpons pour toujours de son emprise. Il n'y a pas plus inintéressant que de jouer une passion ou une réalité à laquelle nous ne croyons plus. Nous pensons que nous ne pouvons plus continuer, et l'espoir de poursuivre comme avant s'éteint, effaçant les paliers derrière nous jusqu'à ce que nous nous retrouvions devant le précipice.

Ainsi, l'abandon arrive sans que nous nous en rendions compte et nous tombons, tombons, sans lumière, sans avant ni après, ni au-delà. Nous ne regardons pas en arrière. Impossible. Cela nous est égal. À ce moment merveilleux, l'univers nous offre le cadeau du fou rire cosmique. Nous découvrons que l'endroit où nous tombons n'a pas de fond ! C'est *samadhi*, la blague cosmique. L'énergie transcende, et l'hologramme se réorganise. Le corps émotionnel s'est désintégré puis il a accéléré. Nous commençons à chevaucher l'énergie de l'axe vertical. La lumière fait son entrée. C'est l'aube de notre conscience. Nous savons ! Maintenant, nous devons regarder là-haut et nous ancrer dans le ciel. Nous sommes des êtres rayonnants, nés à nouveau.

Lorsque le chantonnement de l'extase interpénètre l'énergie de la force de vie, il y a une convergence spontanée de lumière à partir de laquelle jaillit le plus haut registre du jeu divin au sein des dimensions manifestes. C'est l'énergie du rayonnement. Le rayonnement résulte de l'étincelle extatique qui, une fois allumée, se propage dans toutes les directions à travers tout le spectre des dimensions manifestes, jusque dans l'obscur néant de l'informe. L'énergie du rayonnement ne peut être arrêtée, on ne peut lui résister ni la récupérer. Lorsqu'elle baigne le chemin, toute peur se transforme immédiatement en lumière. Toute séparation, toute confusion ou toute attente cessent d'exister. Le rayonnement dépasse les lois électriques et magnétiques de la troisième dimension. Il ne cherche pas à attirer quoi que ce soit, et rien ne s'y colle. Il infuse tout.

Dans le voile de notre nébuleuse existence linéaire, nous avons perdu conscience de notre rayonnement. C'est pourtant ce que nous sommes. Nous n'avons pas à attendre qu'un miracle nous sauve de la débâcle et de la négativité de notre corps émotionnel. Nous pouvons pratiquer dès maintenant le rayonnement dans le cadre de notre réalité actuelle.

Fermez les yeux et commencez à respirer le *prana* autour de vous. En gardant les yeux fermés, mettez-vous au centre de votre espace, où qu'il soit. Debout, là, au milieu, commencez le premier exercice qui consiste à attirer l'énergie et à la faire ressortir par le plexus solaire. Visualisez simplement le rayonnement qui avance sans effort, emplissant tous les espaces autour de vous et se propageant vers l'espace illimité. Vous pouvez évoluer

Nous ne devons pas hésiter ou penser que c'est inutile. Il faut simplement décider de choisir. Plus nous pratiquerons le rayonnement dans notre vie, plus nous deviendrons rayonnement. C'est notre évolution-retour vers la lumière. Les expériences du ravissement, de la béatitude et de l'extase qui l'accompagnent nous appartiennent en droit. Si seulement nous acceptions de naître !

*J'étais appuyée, penchée en avant, sur l'épaule de ma fille alors que le soleil se cachait derrière la colline. J'étais dans un état de conscience élevée. J'avais l'impression que ma conscience débordait d'éléments d'information que j'attrapais à différents niveaux, même lorsque mon corps était lavé, vague après vague, d'une contraction apparemment incessante. La luminosité éclatante du soleil avait fait place à une luminosité réconfortante. Je sentais que les particules de l'air étaient imprégnées de vie, qu'elles se regroupaient autour de moi pour me chuchoter des encouragements. L'eau cristalline de la mer et moi étions intimement unies. J'étais dans la mer et elle était en moi. La lumière dansant sur l'eau m'aidait à fixer mon attention. Je me sentais régénérée en poussant dans cette eau peu profonde, dans cette lumière. La sensation de cette eau caressant doucement mon corps m'offrait une sorte de soulagement que je n'avais jamais éprouvé pendant l'accouchement.*

*Comme par magie, une petite main apparut. Une partie de ma conscience se réjouit de mon choix d'accoucher dans l'eau, car je savais que cela m'aiderait énormément. Dans cet environnement sans pesanteur, il se glissa vers l'extérieur, flottant entre mes jambes vers les mains de son père. Lorsque son nez toucha la surface de l'eau, il inspira et hurla à la vie. Nous le repassâmes sous mes jambes, comme un petit poisson, et dans mes bras. Son être me coupa le souffle. Bien qu'il ait dépassé son terme, il était toujours recouvert du vernis blanc. Sa transparence dans l'eau lui donnait une qualité lumineuse extraordinaire, bleu-blanc argenté. Alors que je le replongeais dans l'eau, il ouvrit les yeux et me regarda avec douceur. Son regard transperça mon âme : il contenait toute la connaissance, tout l'amour. La conscience céda sa place au ravissement extatique, qu'aucun mot ne pourra jamais décrire, mais sa fréquence nourrira toujours mon être.*

*Les autres nous avaient laissés sur la plage pour préparer notre retour à la maison. Mon fils Britt et moi-même, avec le nouveau-né dans les bras, nous assîmes sur une couverture face à la mer. Comme pour honorer cette naissance, le soleil couchant inclinait ses reflets sur l'eau. L'air et la mer scintillaient, dansaient. Il me semblait que la lumière passait dans mes yeux et ondulait dans toutes les directions, comme des vagues de chaleur émanant d'un pays en été. Le nouveau bébé, d'un rose translucide, semblait toujours dans un état fluide et transcendant, rayonnant de lumière blanche. Nous étions là, nous chauffant au soleil dans l'œil du rayonnement.*

## GLOSSAIRE

**Abandon** : élargir la conscience pour pouvoir sortir des limites de l'ego ; abandon de toute résistance à la découverte d'autres registres ; abandon de la positionnalité permettant de revenir à celui ou celle que nous sommes véritablement. (Terme également utilisé : **Lâcher prise**).

**Accélérer** : expansion du corps émotionnel pour que le je supérieur puisse accélérer sa vibration.

**Annales akashiques** : enregistrement de tout le temps linéaire. Pour un individu : registre de toutes ses vies sur terre.

**Aura** : champ électromagnétique rayonnant à partir du corps physique. (Terme également utilisé : **Champ aurique**).

**Autocollants** : énergies astrales du champ aurique qui sont des empreintes de la mémoire dotées de poids, de matière et d'énergie ; elles existent simultanément au corps physique, sont hors du temps et de l'espace, et se réactivent dans la mémoire cellulaire à chaque réincarnation, jusqu'à ce qu'elles soient nettoyées.

**Cerveau reptilien** : partie animale de notre être qui nous avertit en cas de danger mortel.

**Chakras** : centres d'énergies du corps humain ; il y en a sept.

**Chakra du plexus solaire** : centre d'énergie situé dans la zone de l'estomac, et qui correspond au siège du corps émotionnel.

**Champ aurique** : voir **Aura**.

**Compassion** : expansion du corps émotionnel permettant la véritable fusion avec les autres.

**Conception** : moment où le non-manifeste prend forme ;

point central, fission de la fécondation de l'ovule par le spermatozoïde ; seuil vers le non-manifeste ; reconnaissance qu'il n'y a pas de séparation ; point central du chiffre huit.

**Corps** : véhicule de la vérité dans la troisième dimension ; il se fait l'écho de l'esprit.

**Corps astral** : corps non physique, composé de nos émotions et de notre champ aurique, émanant de notre corps physique.

**Corps émotionnel** : véhicule émotionnel de la conscience ; c'est une entité vibrant à basse fréquence.

**Corps lumineux** : le plus haut registre du corps physique existant dans l'éthéré.

**Corps physique** : véhicule organisateur de la conscience ; il existe dans la troisième dimension ou dans la réalité telle que nous la connaissons ; il est imprégné des souvenirs et des connaissances de sa constitution actuelle.

**Corps spirituel** : le plus intangible de nos quatre corps ou véhicules de conscience ; il nous parvient en vagues de vibrations, par la grâce du je supérieur.

**Couleurs** (telles que nous les voyons dans le champ aurique) : messages des émotions créées par la longueur des fréquences vibratoires ; peuvent être vues par ceux capables de visualiser la vibration.

**Crias** : kundalini ou énergie électromagnétique circulant à travers le corps.

**Dimension astrale** : expérience du corps émotionnel existant dans un espace simultané au plan physique.

**Ego** : ordinateur qui dirige le corps ; confins de la limitation personnelle qui nous garde dans la troisième dimension, ou réalité ; c'est la structure qui transporte notre karma.

**Empreintes** : toutes les formes-pensées situées au niveau de l'âme, ainsi que les formes-pensées des âmes qui nous entourent et qui se sont incarnées avec nous. (Autre terme parfois utilisé : **Impressions**).

**Énergie astrale** : voile qui nous transporte de vie en vie, ravivant, à chaque vie, des souvenirs dans le corps émotionnel.

**Enfant qui est en nous** ou **Enfant intérieur** : être qui est en nous, qui se ferme à un moment de l'enfance et qui attend, au fond de nous, d'être réveillé et reconnecté.

**Expérimenter** ou **Faire l'expérience** : changer la structure moléculaire du corps en percevant quelque chose d'une manière nouvelle (comme, par exemple, les vies antérieures) permettant de traduire des perceptions de la partie droite du cerveau dans la troisième dimension.

**Extase** : explosion de la force créatrice transportant la lumière lorsque la conscience fusionne en elle-même ; mariage du ravissement et de la béatitude ; source, force créatrice de l'univers ; je supérieur en action.

**Fenêtres vers le ciel** : endroits de la conscience et du corps physique qui rendent accessible la multidimensionnalité.

**Glandes maîtresses** : glandes pinéale et pituitaire ; elles irradient de gigantesques faisceaux de notre conscience vers l'univers, et attirent à nous énergies et informations ; ce sont les antennes de notre conscience supérieure.

**Hologramme** : principe global de l'organisation de la forme, vision du mental supérieur ; point où nous reconnaissons que nous sommes en vie ici actuellement et que nous avons déjà vécu de nombreuses vies.

**Illumination** : centre de l'âme multidimensionnelle ; être capable d'atteindre les autres registres pour y retrouver notre génie et l'utiliser ici-bas.

**Impressions** : voir **Empreintes.**

**Initiation** : action de fixer son attention sur le divin et de la garder maintenue pendant un long moment.

**Innommable** : actions interdites dans notre présente réalité ; le travail sur les empreintes émotionnelles de nos vies antérieures permet de reconnaître l'innommable et de s'en libérer.

**Ions négatifs** : spécialement présents en montagne, en forêt, près des cascades, des torrents et de l'océan, ils nous sont très bénéfiques.

**Je supérieur** : le véhicule spirituel, le pouvoir qui éveille et change le corps émotionnel ; porte-voix de l'âme.

**Jugement** : limitation de la conscience protégeant le programme du corps émotionnel.

**Karma** : responsabilités que nous devons assumer pendant une vie et qui nous libéreront des obligations contractées lors d'expériences antérieures.

**Kundalini** : voir **Crias.**

**Lâcher-prise** : voir **Abandon.**

**Linéarité** : modèle de pensée du cerveau gauche ne permettant d'accéder qu'à dix pour cent des capacités du cerveau.

**Manifestation** : utilisation des harmoniques de l'intention pour créer ce dont nous avons besoin.

**Manifester** : prendre (ou faire prendre) forme dans la troisième dimension.

**Mémoire cellulaire** : empreintes d'expériences du corps émotionnel dans les cellules.

**Mental supérieur** : capacité à voir l'hologramme, à percevoir la vérité d'une manière très élargie ; permet à une personne de percevoir à un niveau plus élevé, de travailler au niveau du génie où les deux parties du cerveau sont en synchronisme ; représente le niveau du génie, c'est-à-dire quatre-vingt-dix pour cent du cerveau.

**Multidimensionnalité** : nouvelle fréquence du cerveau dépassant la linéarité, et nous permettant de nous accorder à plusieurs dimensions simultanément.

**Nadis** : petits amalgames d'énergie du corps accrochés aux fibres qui s'échappent des chakras du corps dans le corps, le champ aurique et le système nerveux.

**Palper** : reconnaître, faire l'expérience de quelque chose.

**Pharisaïsme** : ostentation de la dévotion, de la piété et de la vertu ; gardien du corps émotionnel, il accompagne le jugement et la colère.

**Points de passages** : images nous transportant dans d'autres dimensions (par exemple, « l'enfant qui est en nous ») pour atteindre le je supérieur ; peuvent être utilisés pour palper ce qui est invisible, intouchable, imperceptible par notre perspective humaine habituelle.

**Pollution astrale** : énergies ou entités non désirables dans le champ aurique.

**Positionnalité** : ce qui orchestre notre perception ; à travers son filtre, nous percevons notre répertoire, limité à ce que nous laissons entrer, selon les réactions du corps émotionnel.

**Prana** : souffle divin.

**Plan ou Projet** : répertoire de conscience qui nous maintient dans la troisième dimension.

**Rayonnement** : énergie résultant de l'étincelle extatique, et qui se répand dans l'ensemble des dimensions manifestes et dans l'obscurité du vide non manifeste. Il est partout.

**Registres** : principes harmoniques de la résonance vibratoire dans la matière ; peuvent être compris au moyen du clavier d'un piano : tous les do du piano vibrent lorsque le do central est joué.

**Résistance** : mécanisme de survie du corps émotionnel.

**Shakti** : énergie divine qui régénère et renforce.

**Synchronisme de l'expérience** : tout est lié dans une dimension ou dans le temps.

**Véhicule** : champ d'organisation créant une action dans le physique.

**Voile** : passage vers la multidimensionnalité.

**Vortex** : endroits de la Terre réagissant à l'énergie galactique.

**Yang/Yin** : polarité femelle/mâle ou réceptrice/projetante de la conscience.

**Pour tous renseignements sur le Light Institute :**

The Light Institute
Boîte postale 6
16390 St-Severin
Tél. : 45.98.40.24

## CHEZ LE MÊME ÉDITEUR
## DANS LA MÊME COLLECTION

CET OUVRAGE A ÉTÉ REPRODUIT
ET ACHEVÉ D'IMPRIMER SUR ROTO-PAGE
PAR L'IMPRIMERIE FLOCH À MAYENNE
EN FÉVRIER 1992

Éditions du Rocher
28, rue Comte-Félix-Gastaldi
Monaco

Dépôt légal : février 1992.
N° d'édition : CNE section commerce et industrie
Monaco 19023.
N° d'impression : 31961.

*Imprimé en France.*